电力企业生产项目
5E 全过程管理

南方电网广东广州供电局　编著

中国建筑工业出版社

图书在版编目（CIP）数据

电力企业生产项目 5E 全过程管理 / 南方电网广东广州供电局编著. —北京：中国建筑工业出版社，2023.9
ISBN 978-7-112-29164-9

Ⅰ.①电… Ⅱ.①南… Ⅲ.①供电局—工业企业管理—质量管理—广州 Ⅳ.① F426.61

中国国家版本馆 CIP 数据核字（2023）第 176838 号

责任编辑：朱晓瑜
责任校对：党　蕾

电力企业生产项目 5E 全过程管理
南方电网广东广州供电局　编著
*
中国建筑工业出版社出版、发行（北京海淀三里河路 9 号）
各地新华书店、建筑书店经销
北京建筑工业印刷有限公司制版
建工社（河北）印刷有限公司印刷
*
开本：787 毫米 ×1092 毫米　1/16　印张：11¼　字数：212 千字
2024 年 5 月第一版　　2024 年 5 月第一次印刷
定价：**50.00** 元
ISBN 978-7-112-29164-9
（41885）

版权所有　翻印必究
如有内容及印装质量问题，请联系本社读者服务中心退换
电话：（010）58337283　QQ：2885381756
（地址：北京海淀三里河路 9 号中国建筑工业出版社 604 室　邮政编码：100037）

| 本书编委会 |

主　　任：李　锐
副 主 任：王　玮　万国成　饶　毅　李　党　刘智勇
成　　员：李瀚儒　熊　俊　韩　捷　吴国玥　阳　曾
　　　　　苏　东　蒋　健　马捷然　徐　策　葛馨远
　　　　　梁英莉

| 本书编写组 |

主　　编：李　果　李品磊
编写人员：徐　阳　朱孝文　伍栩京　张　攀　陈永淑
　　　　　李绮琳　隋　宏　邱智韬　刘嘉伟　李继安
　　　　　徐　研　周蓓蓓　汪雾洁　熊国坤　黄伟嘉
　　　　　陈劲生　邱冠武　许丹盈　邵　博　李正圆

前 言

电力工业是能源工业的重要组成部分，是国民经济的重要基础工业。中央政府出台了一系列措施推进电力体制改革，引入市场竞争优化资源配置，提高电力企业的经济效益。随着电力企业体制改革的不断深化，电力企业面临着更加复杂的经营环境和更加激烈的市场竞争。

长期以来，生产项目种类繁多、实施情况复杂、实施效果评价工作量大的特点制约了投资管理的工作效率。同时受到新冠疫情的影响，国内经济下行压力增大，对电力企业生产经营造成了较大冲击。电力企业面对新形势，积极规划对策，调整发展方向。当下，电力企业生产项目投资需求持续强劲而投资能力不足的矛盾越发凸显，输配电价定价办法对电力企业的监管趋严趋紧，特别是已经印发的《输配电定价成本监审办法》中关于折旧年限、运维费用上限等关键参数的选择更为严格，过往"投入不细问产出"的粗放投资管控模式已难以为继，投入产出研究被摆在前所未有的高度，新形势下如何实现精准投资，将有限资源投入有效领域成为当前亟待解决的难题。

电力企业迫切需要一种有效的管理工具或方法，强化项目管理，节支增收，积极适应外部环境变化和行业内部要求，增强电力行业抵御风险和可持续发展能力，为国民经济的平稳运行和发展提供重要支撑。电力企业生产项目 5E 全过程管理应运而生。

5E 全过程管理体系是参考 PMP 管理思想，结合电力项目的实际应用情况应运而生的一种新型管理体系，它的理论借鉴 PMBOK，即 *Project Management Body of Knowledge*（《项目管理知识体系》），包括启动、规划、执行、监控及收尾五大过程组，整合管理、范围管理、成本管理、时间管理、质量管理、人力资源管理、风险管理、沟通管理、采购管理及干系人管理等十大项目管理知识领域。5E 的具体含义为：科学经济（Economy）、规范高效（Efficiency）、均衡平稳（Equilibrium）、准确及时（Exactness）以及有效闭环（Effectiveness）。即在项目策划环节应重点围绕如何在有限的资源分配规模下产生最大的投入效益，如何科学合理经济地安排生产项目入库和出库；在项目采购环节应重点研究如何在合规合法的前提下尽可能提高采购效率，确保重要生产大修技改项目和关键日常修理项目及时采购；在项目实施环节应尽可能提升年度生产项目实施均衡性，从而解决各项工作扎堆实施带来的各类风险和问题，提升本质安全水平；在项目结算环节应重点提升结算验收的准确性，避免出现虚增工程量等审计风险，同时应提高签证的及时性，避免出现扎堆签证的情况；在项目评价环节主要是承包商履约评价，应避免出现评价"拍脑袋"和"小鬼当家"等情况，评价结果应有效应用于招标采购评分。

5E全过程管理体系的推行不仅贯彻了国资委降本节支、提质增效的工作要求和上级电网公司工作部署，更是响应了国家对于构建绿色环保、经济高效、供需协同的数字化新型电力系统改革的热烈期盼，它的诞生标志着公司建立起了完善创新的项目全过程管控和动态评价机制的管理体系。同时，基于5E全过程管理体系，还在不断探索更多更新的能够实现"精细管控"和"精准投资"的有效手段。

目 录

第一章 生产项目 5E 全过程管理概述 ·················· 1

第一节 关于生产项目 ················ 2
一、生产项目的定义 ················ 2
二、生产项目五大环节 ················ 3
三、生产项目管理组织机构及职责 ················ 4

第二节 关于 5E 全过程管理体系的理论依据及含义 ················ 5
一、5E 全过程管理体系的理论依据 ················ 5
二、5E 全过程管理体系的具体含义 ················ 7

第三节 推行生产项目 5E 全过程管理体系的背景以及意义 ······ 7
一、推行生产项目 5E 全过程管理体系的背景 ················ 7
二、推行生产项目 5E 全过程管理体系的意义 ················ 8

第二章 生产项目 5E 全过程管理内容 ·················· 9

第一节 科学经济（Economy）················ 10
一、科学经济（Economy）的含义 ················ 10
二、科学经济（Economy）的实现思路 ················ 10

第二节 规范高效（Efficiency）················ 11
一、规范高效（Efficiency）的含义 ················ 11
二、规范高效（Efficiency）的实现思路 ················ 11

第三节 均衡平稳（Equilibrium）················ 12
一、均衡平稳（Equilibrium）的含义 ················ 12
二、均衡平稳（Equilibrium）的实现思路 ················ 12

第四节 准确及时（Exactness）……………………………13
 一、准确及时（Exactness）的含义……………………13
 二、准确及时（Exactness）的实现思路………………13
第五节 有效闭环（Effectiveness）………………………14
 一、有效闭环（Effectiveness）的含义…………………14
 二、有效闭环（Effectiveness）的实现思路……………14

第三章 生产项目 5E 全过程管理中科学经济的策划环节……………………15

第一节 生产项目策划管理规定……………………………16
 一、生产项目策划编制………………………………16
 二、生产项目入库与审查……………………………21
 三、生产项目出库与审查……………………………28

第二节 生产项目策划管理实践……………………………39
 一、生产项目四库协同………………………………39
 二、"1234" 大修技改项目优选评分法………………43
 三、日常修理项目预算测算模型……………………46
 四、基于未来续建压力控制和转固贡献的投资计划分配法………………………………50

第四章 生产项目 5E 全过程管理中规范高效的采购环节…………………………53

第一节 生产项目采购管理规定……………………………54
 一、制定生产项目招标采购策略……………………54
 二、编制生产项目招标采购方案……………………56
 三、实施生产项目招标采购要点……………………57

第二节 生产项目采购管理实践……………………………58
 一、集约化采购管理…………………………………58

二、跨专业联合采购管理……………………………59

第五章　生产项目 5E 全过程管理中
　　　　均衡平稳的实施环节………………………………61
　　第一节　生产项目实施管理规定……………………………62
　　　　一、生产项目里程碑计划管理………………………62
　　　　二、生产项目安全管理………………………………63
　　　　三、生产项目物资管理………………………………64
　　　　四、生产项目现场监督管理…………………………66
　　　　五、生产项目施工质量管理…………………………67
　　　　六、生产项目变更管理………………………………68
　　　　七、生产项目工程监理管理…………………………70
　　　　八、生产项目试运行及工程移交……………………71
　　　　九、生产项目文件电子化移交管理…………………71
　　第二节　生产项目实施管理实践……………………………73
　　　　一、项目的均衡化实施………………………………73
　　　　二、作业计划与风险管控……………………………75
　　　　三、过程监控机制……………………………………80
　　　　四、日常修理项目实施管理 APP……………………87

第六章　生产项目 5E 全过程管理中
　　　　准确及时的结算环节………………………………91
　　第一节　生产项目结算管理规定……………………………92
　　　　一、生产项目结（决）算……………………………92
　　　　二、生产项目资金管理………………………………93
　　第二节　生产项目结算管理实践……………………………94
　　　　一、优化生产项目定额体系应用……………………94
　　　　二、结算造价管理措施………………………………103

第七章　生产项目 5E 全过程管理中有效闭环的后评价环节……111

第一节　生产项目后评价管理规定……112
一、生产项目承包商资信评价……112
二、生产项目分包管理……113

第二节　生产项目后评价管理实践……115
一、生产项目检查管理……115
二、生产项目综合评价管理……117
三、效益后评价……130

第八章　生产项目 5E 全过程管理中应用案例分析……133

第一节　基于生产项目 5E 全过程管理的精细化管控机制应用案例分析……134
一、前言……134
二、应用背景及目标……134
三、具体做法……134
四、评价环节更加有效（Effectiveness）……139

第二节　Y 县区供电局生产成本投入产出分析报告……140
一、现状分析……140
二、投入产出专项分析……143
三、存在问题……154

附录……157
附录 1　生产项目承（分）包商履约评价考核评分表……158
附录 2　"五个严禁"要求……160
附录 3　"四虚"问题检查提纲……161
附录 4　在建工程余额清理工作方案……162

第一章
生产项目 5E 全过程管理概述

第一节　关于生产项目

第二节　关于 5E 全过程管理体系的理论依据及含义

第三节　推行生产项目 5E 全过程管理体系的背景以及意义

第一节　关于生产项目

一、生产项目的定义

生产项目包括生产技改项目、其他技改项目和生产经营性项目（以下统称"项目"）；本书所指技改项目包括生产技改项目和其他技改项目；所指生产经营性项目包括修理项目、试验检验项目、委托运行维护项目和其他材料购置项目。生产项目分类如图 1-1 所示。

生产技改项目	生产经营性项目	其他技改项目
1. 购置类项目 2. 非购置项目	1. 生产修理项目 （大修项目、日常修理） 2. 试验检验项目 3. 委托运行维护项目 4. 其他材料购置项目	1. 其他车辆购置 2. 各类生产办公场所日常办公设备购置 3. 现有建筑局部更新改造

图 1-1　生产项目分类

（一）生产技改项目

技术改造是指为提高设备性能、安全性和可靠性，延长设备使用年限、增加生产能力、满足节能环保、节能降耗等要求，采用国内外成熟、适用的先进技术对现有设备和设施，以及相应配套的辅助性生产、生活及福利设施进行的改造，达到提高经济和社会效益的目的。技术改造的投资形成固定资产，是企业的一种资本性支出。

生产技改项目主要包括发电设备改造，35kV 及以上变电一二次设备、输电线路改造，20kV 及以下中低压配电设备零星改造和应急项目（20kV 及以下中低压配电设备常规更新改建视为新建或扩建工程，纳入基建项目管理），生产工器具购置和生产车辆、特种车辆购置（含发电车、高空作业车、吊车、带电作业车、工具车等），自动化系统改造，通信设施改造，网络安全设备改造，变电站综合改造，生产配套建筑设施（包括输变电综合楼等）的局部改造等。

（二）生产经营性项目

1. 生产修理项目

生产修理项目是对公司输变配供电相关设备以及相应配套的辅助性生产、生活及福利设施、生产建筑、办公场所、实训场所、物资仓库、车辆等固定资产的主要部件、区域进行周期性更换、修理和维护而实施的修理项目。

生产修理项目可分为大修项目和日常修理项目。大修项目是指与输变配电相关设备（含电力监控系统）及其配套的附属设施、生产建筑、生产车辆等固定资产有直接关系的设备大修和辅助设施大修项目，是对相关设备设施的主要部件或组成部分进行更换和修理（包括整体性检修及局部性检修），恢复固定资产的原有形态和生产能力。按专业可分为发电、输电、变电一次/二次（含继保、自动化、通信）、配电、综合等。日常修理项目是指与电力生产有直接关系或间接关系的固定资产一般性检修或维护性检修。一般性检修是指对设备在停电状态下进行的保持及验证设备正常性能的预防性试验、一般性消缺、检查、维护和清扫。维护性检修是指对设备在不停电状态下进行的保证设备正常功能的带电测试和设备外观检查、维护、保养。按专业可分为发电、输电、变电一次/二次（含继保、自动化、通信）、配电、综合等。

2. **试验检验项目**

试验检验项目是指对输变配电相关设备（含电力监控系统）的预防性试验和定期检验及测量设备、安全工器具、施工工器具等检验工作发生的费用性项目。

3. **委托运行维护项目**

委托运行维护项目是指项目实施单位按照上级单位和企业相关规定及要求将部分运维工作委托给第三方开展的费用性项目。

4. **其他材料购置项目**

其他材料购置项目是指在生产运行、检修等所耗用的消耗性材料及直接为输变配供电服务的低值易耗品购置项目。日常维修类项目可在材料费中列支，大修项目使用的材料在相应项目中列支。

（三）其他技改项目

其他技改项目包括其他车辆购置，各类生产办公场所日常办公设备购置；现有调度控制中心、实训场所、物资仓库、其他用房等建筑的局部更新改造；新建物资仓库需配套的叉车、智能系统等购置；现有周转房、保障房局部更新改造等投资。

二、生产项目五大环节

一般来说，生产项目从启动到结束可分为五个环节并形成闭环，分别为：项目策划、项目采购、项目实施、项目结算和项目评价。项目评价环节结束后还要通过有效的信息反馈，总结经验教训，完善下一项目决策活动，促进项目前期工作质量的提高，达到改善投资效益，不断优化管理流程的目的。生产项目管理流程如图 1-2 所示。

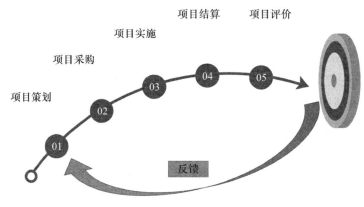

图 1-2　生产项目管理流程

项目策划：是实现项目开发、设计、实施、运营、应急全过程管理的一揽子计划，以一定的控制条件为基础，以战略规划目标为导向，是对实施的项目做出的某种按一定组织计划，并且拥有协调的指挥控制能力以及组织过程的管理活动。

项目采购：是指在整个项目过程中从外部寻求和采购各种项目所需资源的管理过程，包括物资采购和非物资采购两种。物资采购是指物资及其报废、运输、品质控制的招标及非招标采购工作。非物资采购是指物资采购以外的招标及非招标采购工作。

项目实施：是指从项目的勘察设计、建设准备、计划安排、生产准备、工程施工所进行的一系列工作，是项目建设的实质性阶段。

项目结算：是指在工程竣工验收阶段，在生产项目施工任务结束后，根据合同对其实际的工程造价进行核对与结清。

项目评价：是指对已经完成生产项目的目的、执行过程、效益、作用和影响所进行的系统、客观分析，并进行价值评定的一种活动。通过及时有效的信息反馈，充分利用生产项目后评价结果为未来项目的决策和提高完善投资决策管理水平提出建议，同时也为被评项目实施运营中出现的问题提出改进建议，从而达到提高投资效益的目的。

三、生产项目管理组织机构及职责

生产项目管理部门是一个对项目相关的治理过程进行标准化，并促进资源、方法论、工具和技术相互融合共享的组织结构。在电网企业中，是指负责生产修理技改项目、试验检验项目、委托运行维护项目、其他材料购置项目全过程管理的部门，资产管理部、配网管理部、系统运行部是生产项目的专业管理部门，办公室是其他修理技改项目的专业管理部门，同时资产管理部还是生产项目的归口管理部门。

生产项目在全过程管理中会受组织过程资产的影响，组织过程资产包括来自任何（或所有）项目执行组织的，可用于执行或治理项目的任何工作、实践或知识，还包括来自组织以往项目的经验教训和历史信息。由于组织过程资产存在于组织内部，在整个项目期间，项目团队成员可对组织过程资产进行必要的更新和增补。

生产项目管理部门对项目的控制和影响程度各不相同，可以根据实际在生产项目过程管理中充当不同类型的角色且发挥不同的作用：① 支持型，担当顾问的角色，向项目提供模板、最佳实践、培训，以及来自其他项目的信息和经验教训，是一个项目资源库，对项目的控制程度较弱。② 控制型，不仅给项目提供支持，而且通过各种手段要求项目服从。对项目的控制程度较强。服从可能包括：采用项目管理框架或方法论，使用特定的模板、格式和工具。③ 指令型，直接管理和控制项目。项目经理由各个部门指定并向其报告。对项目的控制程度最强。

生产项目管理部门的一个主要职能是通过各种方式向项目经理提供支持，这些方式包括（但不限于）：对其所辖的全部项目的共享资源进行管理；识别和制定项目管理方法、最佳实践和标准；指导、辅导、培训和监督；通过项目审计，监督对项目管理标准、政策、程序和模板的遵守程度；制定和管理项目政策、程序、模板和其他共享的文件（组织过程资产）；对跨项目的沟通进行协调[①]。

为了保证项目符合组织的业务目标，生产项目管理部门可能有权在每个项目的生命周期中充当重要相关方和关键决策者。在此过程中可以提出建议、领导知识传递、终止项目、根据需要采取行动。

第二节　关于 5E 全过程管理体系的理论依据及含义

一、5E 全过程管理体系的理论依据

5E 全过程管理体系是参考 PMP 管理思想，结合电力项目的实际应用情况应运而生的一种新型管理体系，它的理论借鉴 PMBOK，即 *Project Management Body of Knowledge*（《项目管理知识体系》），包括启动、规划、执行、监控及收尾五

---

① PMBOK 第六版官方中文版【PMP 知识点 1】PMO（项目管理办公室）。

大过程组、整合管理、范围管理、成本管理、时间管理、质量管理、人力资源管理、风险管理、沟通管理、采购管理及干系人管理等十大项目管理知识领域。

1969年，美国成立了PMI（Project Management Institute），1978年正式推出PMBOK。经过几十年的不间断研究、多次蒙特卡罗试验、反复调查分析，找到和破解了项目管理的"DNA"，通过大量的研究讨论，最终绘制出项目管理生命周期和曲线图，从而科学地构建了项目管理体系。实践证明，PMBOK是至今世界普遍公认的"良好做法"。掌握这一技术工具，可以对项目管理起到积极的推动作用。参考PMP管理理念，实施电力工程项目的全过程管理，把项目管理人员从传统的现场管理人员角色延伸到对整个项目五阶段的把控：一方面是基于全过程管理理念的项目质量和进度控制，满足配套用户对于时间上的要求，更是提升项目管理人员全过程管理的责任意识，真正地深入项目各个环节；另一方面是对工程造价的控制，从设计、施工、材料、结算等多环节把控，总结经验，降低工程造价，提升综合效益。

不仅如此，通过PMBOK的理论再结合数字化的工具，还能够搜集和整理项目的各项数据并进行量化，所获得的相关信息可以提供给决策者进行可视化管理，不仅可以做到将项目实施风险前置，同时还可以对项目实施流程进行科学分解，通过对数据进行分析计算，结合所得出的数据进行相应的优化和完善，以此来实现降低项目成本等目的。

我们将PMBOK管理方法运用到电力企业生产项目管理中，并经过多年实践，萃取生产项目全过程管理各环节关键品质特性，创造性提出了基于"精准投资、有效投入"的生产项目5E全过程管理创新理念和方法，即实现项目策划环节科学经济（Economy）、项目采购环节规范高效（Efficiency）、项目实施环节均衡平稳（Equilibrium）、项目结算环节准确及时（Exactness）、项目评价环节有效闭环（Effectiveness）（图1-3）。

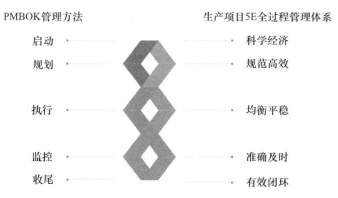

图1-3　PMBOK管理方法以及生产项目5E全过程管理体系的对照关系

二、5E 全过程管理体系的具体含义

(一)项目启动策划环节关键因子：科学经济(Economy)

项目策划环节应重点围绕如何在有限的资源分配规模下产生最大的投入效益，如何科学合理经济地安排生产项目入库和出库。

(二)项目规划采购环节关键因子：规范高效(Efficiency)

项目采购环节应重点研究如何在合法合规的前提下尽可能提高采购效率，确保重要生产大修技改项目和关键日常修理项目及时采购。

(三)项目实施执行环节关键因子：均衡平稳(Equilibrium)

项目实施执行环节应尽可能提升年度生产项目实施均衡性，从而解决各项工作扎堆实施带来的各类风险和问题，提升安全水平。

(四)项目结算监控环节关键因子：准确及时(Exactness)

项目结算监控环节应重点提升结算验收的准确性，避免出现虚增工程量等审计风险，同时应提高签证的及时性，避免出现扎堆签证的情况。

(五)项目评价收尾环节关键因子：有效闭环(Effectiveness)

项目评价收尾环节主要是承包商履约评价，应避免出现评价"拍脑袋"和"小鬼当家"等情况，评价结果应有效应用于招标采购评分。

第三节 推行生产项目 5E 全过程管理体系的背景以及意义

一、推行生产项目 5E 全过程管理体系的背景

中央全面深化改革委员会第二次会议审议通过了《关于深化电力体制改革加快构建新型电力系统的指导意见》。要深化电力体制改革，加快构建清洁低碳、安全充裕、经济高效、供需协同、灵活智能的新型电力系统，更好推动能源生产和消费革命，保障国家能源安全，实现"双碳"目标，能源是"主战场"，电力是"主力军"。作为连接电力上下游的电网公司，将一如既往地将思想和行动统一到习近平总书记和党中央的重大部署上来，立足新发展阶段，勇做推进国家现代化的重要力量、贯彻新发展理念的排头兵、构建新发展格局的生力军、高质量发展的引领者，全力服务南方五省区及港澳地区绿色低碳发展，为国家实现碳达峰、碳中和目标作出应有努力。

随着电力企业体制改革的不断深化，电力企业面临着更加复杂的经营环境和

更加激烈的市场竞争。同时受到新冠疫情的影响，国内经济下行压力增大，对公司生产经营造成了较大冲击；输配电价定价办法对电网企业的监管趋严趋紧，特别是已经印发的《输配电定价成本监审办法》中关于折旧年限、运维费用上限等关键参数的选择更为严格，过往"投入不细问产出"的粗放投资管控模式已难以为继，投入产出研究被摆在了前所未有的高度。电网企业发布的系列"过紧日子"及"提升生产性技改和成本费用投入效益"专项举措均明确提出："要以资产全生命周期管理为主线，加强技改项目技术和经济性论证；要坚决做好成本管控，切实降低成本，提高成本投入效益。"

二、推行生产项目 5E 全过程管理体系的意义

生产项目 5E 全过程管理体系坚持精控成本，加强成本项目 PDCA 管理，做到入库有审查、过程有监控、结果有评估，并在公司内部项目管理实践中取得了较好实施效果。生产项目 5E 全过程管理体系推行不仅能贯彻国资委降本节支、提质增效的工作要求和中国南方电网有限责任公司（简称"网公司"）工作部署，更是响应国家对于构建绿色环保、经济高效、供需协同的数字化新型电力系统改革的热烈期盼，健全完善创新的项目全过程管控和动态评价机制的管理体系。

第二章

生产项目5E全过程管理内容

第一节　科学经济（Economy）
第二节　规范高效（Efficiency）
第三节　均衡平稳（Equilibrium）
第四节　准确及时（Exactness）
第五节　有效闭环（Effectiveness）

第一节 科学经济（Economy）

一、科学经济（Economy）的含义

项目策划环节关键因子：科学经济（Economy）

经济的核心思想是物质稀缺性和有效利用资源，一般情况下，经济理论建立在理性的"极大化"的假设之上，每个人都会在局限下做出对自己最有利的选择。对于生产项目而言主要是指对资源进行优化配置，力求达到在既定目标下的利润最大化或成本最小化。科学经济是运用科学的管理手段使生产项目在保证其质量的前提下，通过合理规划以使用较低的人力、物力、财力和时间成本创造尽可能大的项目收益。项目策划是定义如何估算、获取、管理和利用团队以及实物资源的过程，根据项目类型和复杂程度确定适用于项目资源的管理方法和管理程度，这需要采用一定的方法对照经济参数，对项目投入产出各种因素进行研究、分析计算和对比论证。电网企业的经济效益是在一定时期内生产项目总投入与总产出的对比关系。

二、科学经济（Economy）的实现思路

在项目策划环节重点围绕如何在有限的资源分配规模下产生最大的投入效益，如何科学合理经济地安排生产项目入库和出库。具体实现思路如下：

（一）加强大修技改类项目统筹安排

加强大修技改类项目策划的统筹管理，打造生产项目投资辅助决策平台，建立基于两级生产指挥中心的"任务策略库—生产问题库—储备项目库"大修技改"三库协同"立项机制，形成统筹管理、上下联动、动态更新的管理模式。

（二）严把大修技改类项目出库评选

强化大修技改类项目出库管理，需统筹考虑，综合评定投资完成效率、策略的风险等级、各级任务督办情况及保底整改方向等因素，形成一套适用于大修技改项目的指标评价模型，确认评分细则，指导项目出库，促进项目出库管理统筹兼顾、科学优选、可持续推进。

（三）严把日常维修类项目出库评选

强化日常维修类项目出库管理，重点在于估算下一周期项目的合理投入，结合生产运维经验、设备特性等专业因素，综合借鉴三点估算法、类比估算法，形成一套适用于日常维修类项目的预算测算模型，促进日常维修项目的精准投入。

第二节 规范高效（Efficiency）

一、规范高效（Efficiency）的含义

项目采购环节关键因子：规范高效（Efficiency）

企业的第一利润源要通过降低采购成本来实现，相对于央企的其他管理活动，强化采购管理在开源节流、降本增效等方面见效较快，采购的成果也能更直接地转化为企业的利润。消除采购中的不健康现象，不仅是经济问题，更关系到企业内部风气和治理问题。一方面，国有企业的资金来源属于国有资金，采购活动必须"追求合规性"，纪检监察机关巡视和审计部门审计时尤其注重这一点；另一方面，追求效益是企业的天性，企业采购是供应链生产活动的首要环节，它不仅需要"降本增效"，还应该"追求效率""创造价值"。这种客观存在的两重属性，给政府监管国有企业的采购活动带来了困难，也给国有企业的经营管理人员和采购操作人员带来了不少困扰。再者，做好采购管理工作，构建一套具有特色的采购管理体制和运行机制，不仅能够提升企业利润，完善采购制度，提升企业核心竞争力，更是反腐倡廉工作的迫切需要。

规范高效，是指在项目采购环节通过有效手段规范采购业务流程，约束采购权力，加强采购内控管理，达到降低项目成本、避免合同纠纷、保证按期交付并防止贪污浪费的目的。

二、规范高效（Efficiency）的实现思路

在项目采购环节重点关注降低资产全生命周期风险、提升能效、减少成本等策略。具体实现思路如下：

（一）集约化采购管理

通过集约化采购管理避免项目管理水平不一致，存在个别需求主体不合理个性主张、重复采购引起的效率低下、成本高昂问题。建立专业化、标准化采购作业流程和岗位人员约束激励机制，完善统一、公开、公平、公正的招标采购监督机制，防范廉政风险。

（二）跨专业联合采购管理

通过跨专业联合采购管理增强专业间联动，减少采购成本，提升用户用电体验，一次性解决用户诉求，提升工作效率。

第三节 均衡平稳（Equilibrium）

一、均衡平稳（Equilibrium）的含义

项目实施环节关键因子：均衡平稳（Equilibrium）

维护稳定的生产层而不必顾虑到需求更改的生产策略。均衡生产策略的优点是尽量降低能力需求的波动，但需增加库存储运成本费用。实现均衡生产是生产管理的一项基本要求，生产不均衡，如月初松月末紧或者时松时紧，它的后果是：松时人员设备闲置、生产能力浪费、劳动纪律松弛；紧时加班加点突击生产，容易粗制滥造忽视质量，且工人疲劳，易出现安全事故，设备长时间连续工作得不到正常保养，引起过度磨损，易出现设备故障。事故多、停产多，任务难以完成，就要求加班突击。突击加班多，生产不正常，事故就增多，往往形成恶性循环。只有实现均衡生产，建立起正常的生产秩序，生产能力才能得到充分利用，才能保证产品质量的稳定。使生产过程的各环节具有大体相等的生产率是实现均衡生产（节奏生产）的物质基础。除此之外，加强生产技术准备部门、辅助生产部门、供应服务部门的工作，特别是优化生产计划和强化对生产过程的监控，则是实现均衡生产的重要保证。

均衡平稳，就是在生产项目实施的绝对的不平衡过程中，通过主观努力，有组织、有计划地安排，推进各项工作协同开展，合理使用人力、物力、财力以求达到相对的平衡，避免不合理的、过大的波动，使生产活动"均衡平稳"地进行。

二、均衡平稳（Equilibrium）的实现思路

在项目实施环节重点围绕如何推行生产项目均衡化工作，重点优化生产项目实施、停电计划安排、基建工程验收、班组技术技能培训协同的机制，提升年度生产工作均衡性，解决各项工作扎堆实施伴生的各类痛点问题。具体实现思路如下：

（1）实施生产项目均衡化工作推进方案，通过科学安排、全面梳理形成年度重点生产工作计划，纳入两级运监闭环跟踪监控，大力推进各项任务按计划均衡实施。

（2）完善生产现场作业风险管控体系，系统性管控生产现场计划与作业风险，统筹配置资源，推进生产现场作业风险全面管控，确保作业计划与安全风险管控落地。

（3）开发生产项目驾驶舱、协同监控、专题监控等功能，作为项目实施过程管控的信息化管理工具，对项目的全过程开展实时监督。

（4）开发应用生产项目实施管理 APP，作为项目实施过程管控的信息化管理工具，通过工单任务管理、签证审批和汇总管理、签证可视化、生产项目任务追溯等功能，实现对生产项目管理的现场过程管控的支撑。

第四节 准确及时（Exactness）

一、准确及时（Exactness）的含义

项目结算环节关键因子：准确及时（Exactness）

项目结算，是指施工企业按照承包合同和已完工的项目量向建设单位办理项目价款清算的经济文件。它包括对项目价款进行的中间结算（进度结算）、年末结算和竣工结算。项目结算是项目承包中非常重要的工作，它是施工企业工程项目顺利实施且实现经营效益的关键环节。

准确及时，是指企业在项目结算环节，通过紧抓工程预结算管理工作，建立健全预结算工作制度等手段，加强施工签证管理，防止虚假结算，减少有争议施工行为的发生，维护公司合法利益，提高项目结算审核准确度和效率，促进企业生产经营高效运转。

二、准确及时（Exactness）的实现思路

项目结算环节重点围绕如何优化定额计价体系，如何制定质量、进度管理措施等方面。具体实现思路如下：

（一）优化生产项目定额计价体系

结合电网企业"过紧日子"及提质增效的有关要求，合理控制工程项目成本，严控工程造价虚高，挖潜增效，开源节流，提升工程投资效益，防范投资项目结算审计风险，优化补充生产项目定额体系，解决费用标准不明确、计价标准缺失及计价结果不合理等问题。

（二）制定结算造价管理措施

结合电网企业管理要求以及项目投产顺利推进，建立竣工结算审查方案、结算资料完整性审查方案以及标准签证模板，并制定质量控制以及进度控制措施，规范结算审核流程以及签证资料，加快结算审核工作推进以及对"四虚"问题的

深刻认识，同时避免出现相关审计风险。

第五节　有效闭环（Effectiveness）

一、有效闭环（Effectiveness）的含义

项目评价环节关键因子：有效闭环（Effectiveness）

为了保证可靠性工作规范、有效和高效地实施，必须不断结合环境变化和自身管理需要，主动地、有计划地对可靠性工作的充分性、协调性和实施过程的有效性、实施结果的效率和效益进行科学、系统地评价。执行任何工作都必须遵循相关最基本的标准，以便于判断该工作的执行情况是否有效。

有效闭环，是指通过对于每个生产项目进行后评价，通过分析评价找出成败的原因，总结经验教训，及时反馈信息，为未来新项目投资决策、编制规划和提高完善项目管理水平提供参考和依据，同时也为后评价项目实施运营中出现的问题提供改进意见，从而达到提高经济效益的目的。

二、有效闭环（Effectiveness）的实现思路

项目后评价分析具体思路如下：按照"强化监管"的原则，从多维度落实监督管理机制和开展承包商评价管控和过程指标管控，加强生产项目过程检查监督和考核评价，形成总结报告，为后续项目决策科学化、合理化，效益最大化提供依据。

第三章

生产项目 5E 全过程管理中科学经济的策划环节

第一节　生产项目策划管理规定
第二节　生产项目策划管理实践

第一节 生产项目策划管理规定

一、生产项目策划编制

（一）生产项目规划指导原则编制

1. 基本概念

生产项目规划指导原则是指生产项目规划、立项依据，用于指导电力企业内各单位生产项目规划、项目立项申报和审查。

2. 管理要点

（1）编制规划

上级单位资产管理部生产项目管理人员组织制定生产项目规划指导原则和准入条件，结合生产项目规划编制的时间要求，原则上每五年开展一次规划原则、大纲的编制工作，第三年根据实际情况开展修编。电力企业资产管理部生产项目管理人员根据上级单位技术改造规划指导原则、设备状态评估报告及新技术新产品发展情况编制本单位技术改造规划指导原则。编制流程如图 3-1 所示。

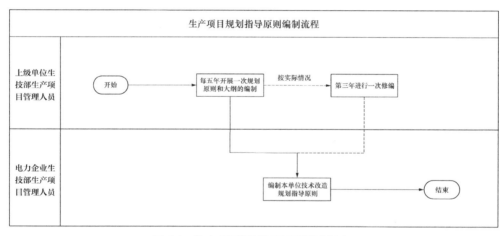

图 3-1 生产项目规划指导原则编制流程

（2）明确技术改造项目规划原则

1）以提高发电、输电、变电、配电、电力监控系统和调度设备安全生产水平为基础；

2）以提高资产全生命周期综合效益为中心；

3）以提高设备运维能力、推广应用节能新技术、新设备、环境保护为重点；

4）以国家产业政策和公司有关规定为依据，有重点、有步骤地进行；

5）以提高生产类项目资金使用效益为目标，严格控制非生产性技术改造项目，并进行充分的投资经济效益评估。

（3）明确修理项目规划原则

1）坚持"应修必修、修必修好"。始终将安全生产放在第一位，优先安排可能影响电网、设备或人身安全的项目。

2）不改变资产主体性质、不发生资产增值。

3）坚持支出明晰化。严格区分技改支出和修理支出。对于无法按定义区分的固定资产改良支出，应严格遵守《企业所得税法》《企业所得税法实施条例》等相关规定，如同时满足下列条件应当予以资本化，作为技改项目立项。否则，应予以费用化，作为修理项目立项：

① 项目支出达到取得固定资产时的原值 50% 以上；

② 项目完成后固定资产的使用年限延长 2 年以上。

（4）明确试验检验、委托运行维护项目立项原则

试验检验、委托运行维护项目按上级单位有关生产业务外委管理办法，可委托第三方进行立项。

（5）明确材料购置项目立项原则

其他材料购置项目按生产运行、维修实际需求进行配置。

3. 主要流程

生产项目规划指导原则、大纲、重点投入方向编制业务流程如图 3-2 所示。

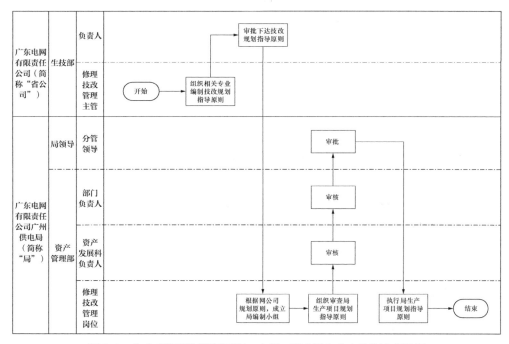

图 3-2　生产项目规划指导原则、大纲、重点投入方向编制业务流程

(二)生产项目规划编制

1. 基本概念

生产项目规划是指上级单位资产管理部组织确定生产项目规划指导原则,由电力企业根据指导原则、大纲、重点投入方向组织项目实施单位编制的五年期生产项目规划,其中,生产技改规划经分级审查、审批通过后形成前期项目储备库,生产修理规划经分级审查、审批通过后形成投资项目储备库。

2. 管理要点

(1)编制规划

生产项目规划原则上每五年编制一次,每年进行一次滚动修编。通过规划审查的生产技改项目纳入前期项目储备库,生产修理项目纳入投资项目储备库。

(2)启动编制

技改五年规划于五年期前两年6月底前启动,上级单位、企业编制工作指引,项目实施单位生产项目管理人员根据技改导则、大纲、重点投入方向、生产项目准入条件及工作指引,基于统一问题库,开展技改规划工作。五年期前一年3月底前完成集团技改规划编制,企业按照统一安排完成技改规划编制,并报上级单位审查。生产项目规划编制过程见表3-1。

生产项目规划编制过程　　　　　　　表3-1

时间点	涉及部门/人员	主要工作内容
五年期前两年6月底前	上级单位和企业生产项目管理人员	编制工作指引
	项目实施单位生产项目管理人员	开展技改规划
五年期前一年3月底前	上级单位生产项目管理人员	完成集团技改规划编制
	企业生产项目管理人员	完成技改规划编制并报上级单位审查

(3)明确编制内容

技改项目规划主要内容应包括:

1)电网现状、设备现状及存在问题分析;

2)未来五年生产项目原则、规模及具体改造内容,包括项目名称、建设规模、必要性分析、逐年投资估算、投产时间等,并按轻重缓急进行排序,明确重点建设项目;

3)技术经济效益分析及节能环保评估;

4)总投资估算和分年度资金估算;

5)投资能力、资金筹集能力分析。

(4)审查规划

技改规划审查后,纳入投资总体规划,统筹协调投资需求和能力,协调投资规模、投资结构和各类别规划项目，避免重复投资，并综合分析投资效益。总体规划审批后，技改规划项目纳入前期项目储备库。

（5）编制储备库

项目实施单位生产项目管理人员编制本单位修理项目储备库，基于统一问题库，结合生产技改规划同步开展，项目库储备三年滚动修理计划，指导本单位年度修理计划的编制。

（6）明确项目库储备内容

1）各单位根据设备历史运行情况及设备的检修周期，预计未来三年需要检修设备的项目。

2）根据设备状态评估及设备风险评估结果，判断要检修设备的项目。

3）根据设备缺陷分析或故障分析结果，判断要检修设备的项目。

4）各级反措、安措项目。

5）上级单位、企业指定项目。

（7）列支规划费用

将生产项目规划所需费用列入电力规划专题项目计划。

3. 主要流程

生产项目规划编制与审查业务流程如图3-3所示。

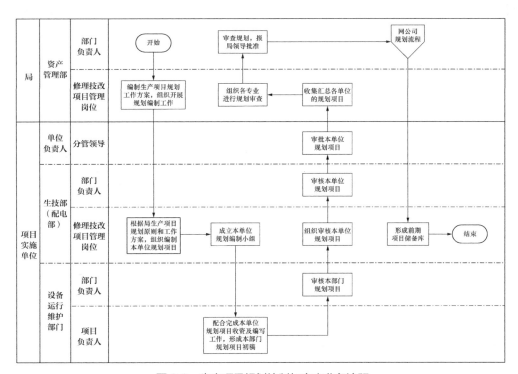

图3-3　生产项目规划编制与审查业务流程

(三)生产项目准入及预算标准

1. 基本概念

生产项目准入及预算标准是按照国家、行业以及电网企业现行的有关标准、规程规范并结合生产运行情况而制定的，适用于35~1000kV输变电和20kV及以下配电网技改修理、其他技改修理、委托运行维护、试验检验、其他材料和低值易耗品项目管理。

生产项目准入及预算标准包括项目命名规范、项目准入和工作实施内容、预算标准、技改大修可行性研究规范和项目优选评分模型，是生产项目命名、准入、项目优选、技改大修可行性研究报告、预算文件编制和审查的依据。

2. 项目命名规范

项目命名规范以满足并推动公司加强生产项目标准化、信息化管理为基本原则，充分考虑公司项目管理、投资控制等工作的需要，遵循"统一、清晰、明确"的原则确定。

项目命名一般依循项目所在站、线名称，项目范围（或项目涉及主要设备）和项目性质及内容等三大命名要素，具体可参考说明示例，并可根据实际情况适当调整。

3. 项目准入

项目准入根据国家或行业正式发布的规程规范和电网企业现行技术导则等编制。

技改准入适用于指导各单位技改规划、项目立项申报和审查，可作为设备技改的立项基本依据。满足相应条款的要求后仍需经状态评价及风险评估证实其不满足生产运行要求，可申报相应技改。

修理准入适用于指导各单位修理规划、项目立项申报和审查，可作为设备修理的立项基本依据。各条件中，只要符合其中的一种情况，即可申报相应修理。

委托运行维护、试验检验、其他材料、低值易耗品准入各条件中，只要符合其中的一种情况，即可申报立项或购置。

4. 项目预算标准

预算标准根据国家及行业计价依据与标准等，并结合项目典型工作实施内容确定，主要作为35~1000kV输变电和20kV及以下配电网技改修理、其他技改修理、委托运行维护、试验检验、其他材料和低值易耗品可研估算编制和审查参考依据，概（预）算和结算编制可参照使用。

预算标准具体按三类给出：第一类为给定基价，主要包括输变配电设备技改、检修和调试，依据技改检修、配网定额和实际项目给出基价；第二类为给定综合价，主要包括变电站地网开挖及修复、站内主接地网状态评估、二次设备带电（运行状态）清洗、二次接地网完善、纸质二次图纸电子化、其他修理、环保、金属、计量和工器具试验等，该类项目所给预算标准为无定额可直接参考，结合历史资料编制的广东地区综合价，其他地区使用时按本地区历史工程开展费用调整；第三类为直接参照相关标准执行，不给定基价或综合价，主要包括其他技改、主网修理及其他修理册中需要厂家维保以及软件升级项目、其他材料和生产类低值易耗品，预算参照相关规定或协议价等执行，其中办公场所、专业车间改造、仓库改造、培训基地改造费用不应超过小型基建项目预算价。

编制预算文件时，对于给定基价的项目，应综合套用基价、预算调整系数和地区综合调整系数，各地区综合调整系数可具体参考国家及行业计价依据与标准的说明；对于给定综合价的项目，除广东地区外，其余地区按本地区历史工程开展费用调整；对于未给定基价或限价的项目，参照相关标准规定执行。

二、生产项目入库与审查

（一）生产项目可研编制与审查

1. 基本概念

生产项目可研是指在生产项目立项投资之前，从经济、技术、生产、运维等方面，以及电网、社会环境、法律等各种因素进行具体调查、研究、分析，确定有利和不利的因素以及项目是否可行，估计成功率大小、经济效益和社会效果程度，为上级审批决策提供科学依据的上报文件。

2. 管理要点

（1）明确立项原则

生产项目管理人员进行立项管理时，应按照以下原则进行：

1）注意避免过度打包导致实施周期过长，造成无法及时增资转固、在建工程余额过大等不良影响。

2）综合考虑停电难度、施工难度、青赔难度等因素，原则上项目实施计划不宜超过两年。

3）优先按设备单元维度立项。

4）结合停电计划等实际情况，可按接线单元维度立项。

5）如确保停电计划连续性较高，可按电压等级维度立项。

6）尽量避免跨变电站、输电线路批量立项。

（2）编制可研

投资总额在 100 万元及以上且包含建筑安装费用的生产技改、大修项目需编制项目可行性研究报告，其他项目可编制项目申请书。可行性研究报告应视项目技术复杂程度由具有相应资质的单位或资产运行维护单位编制，项目申请书可由具体组织项目实施的资产运行维护单位（以下简称"项目单位"）自行编制。

（3）明确可研内容和可研深度[①]

可研报告指文档化的经济可行性研究报告，用来对尚缺乏充分定义的所选方案的收益进行有效性论证，是启动后续项目管理活动的依据。可研报告列出了项目启动的目标和理由，它有助于在项目结束时根据项目目标衡量项目是否成功。可研报告是一种项目商业文件，可在整个项目生命周期中使用。在项目启动之前通过可研报告，可能会做出继续或终止项目的决策。需求评估通常是在可研报告之前进行，包括了解业务目的和目标、问题及机会，并提出处理建议。需求评估结果可能会在可研报告文件中进行总结。

定义业务需要、分析形势、提出建议和定义评估标准的过程，适用于任何组织的项目。可研报告可能包括（但不限于）记录以下内容：

业务需要。主要内容包括：确定采取行动的动机；情况说明，记录待处理的业务问题或机会，包括能够为组织创造的价值；确定受影响的相关方；确定范围。

形势分析。形势分析的主要目的是确定组织战略、目的和目标；确定问题的根本原因或机会的触发因素；分析项目所需能力与组织现有能力之间的差距；识别已知风险；识别成功的关键因素；确定可能用于评估各种行动的决策准则，而用于形势分析的准则可分为：必须、预期、可选。必须，必须践行的准则，可处理问题或机会。预期，希望践行的准则，可处理问题或机会。可选，非必要的准则。这一准则的践行情况可能成为区分备选行动方案的因素；确定一套方案，用以处理业务问题或机会。可选方案指组织可能采取的备选行动方案。可选方案也可称为商业场景。

推荐。其一，一种给出了针对项目的建议方案的说明书，对于说明书的内容可能包括（但不限于）：潜在方案的分析结果；潜在方案的制约因素、假设、风险和依赖关系；成功标准。其二，一种实施方法，可能包括（但不限于）：里程碑；依赖关系；角色与职责。

评估。是指一种描述了衡量项目交付效益的计划的说明书，应包含在初步实施之后，任何持续运营层面的可选方案。通过将成果与目标和确定的成功标准进

---

① PMBOK 第六版官方中文版【PMP 知识点 3】PMP 商业论证。

行比较，商业论证文件为衡量整个项目生命周期的成功和进展奠定了基础。

生产项目可行性研究报告应当包含的主要内容见表3-2。

生产项目可行性研究报告主要内容　　　　表3-2

类型	应当包括的研究内容
生产技改项目可行性研究报告	综述 现状及改造必要性 技术改造方案经济分析及比较 工程实施内容 工程进度计划 节能降耗 主要设备材料清单 投资估算及经济评价 主要结论及建议等
生产大修项目可行性研究报告	现状及改造必要性 工程实施内容 工程进度计划 主要配件清单 投资估算及经济评价 主要结论及建议等
涉及拆旧项目可行性研究报告	预计拆除设备的名称及其数量 拆除设备预计回收情况 拆除设备的后续利用计划 拆除报废设备损失情况 包含了拆除（报废）设备造成损失的技术经济评价等

可研报告原则上应达到初步设计深度要求。项目申请书应说明立项原因、项目内容、项目投资、项目方案、效益分析等内容。可行性研究报告和项目申请书应满足物资采购招标要求，并附退役设备及建议处置意见。

（4）审查立项规范性

规范项目审查并组织复审。项目申请单位的项目管理部门生产项目管理人员应在项目申请入储备库前，组织对项目立项规范性进行审查，组织专业人员对项目必要性、内容合理性、投资有效性进行审查。企业项目管理部门应组织各专业管理部门对项目入储备库申请进行复审，并对项目可行性研究报告（项目申请书）进行批复。

（5）考虑闲置物资

技术改造项目立项应充分考虑使用本单位闲置物资。按资产全生命周期的要求，严格控制设备提前报废，固定资产未达到折旧年限，原则上不能列入年度技术改造计划。特殊情况下需要进行改造，以专项报告形式报企业专业部门审批；投产未超五年的主设备改造项目，需经过企业分管领导批准。

(6)管理储备库

储备库项目应实现动态管理,入库项目情况如有重大变化,应及时进行修改、补充和完善更新有关资料,为项目立项提供准确依据。对于进入储备库时间超过2年且未纳入年度计划实施的项目应从项目储备库转出,需要继续作为储备项目的重新履行可研评审等入库程序。

(7)建立改造清单

项目单位生产项目管理人员应按一个变电站或一条线路为单位,相应地建立改造清单,包括已改造项目、正在改造项目、计划改造项目,避免重复立项。

(8)控制总投资

下一年度申报生产技改可研项目的总投资按本年总投资的1.2~1.5倍减去续建项目资金控制。

3. 主要流程

生产项目可研管理流程如图3-4所示。

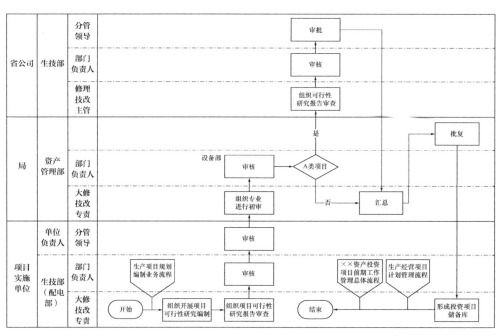

图3-4 生产项目可研管理流程

(二)生产项目设计管理

1. 设计管理要点

(1)明确设计深度要求

技术改造项目设计应符合国家、行业的标准、规范,满足相应的设计深度要求,方案优化,造价合理。

（2）明确负责人

重点项目应要求设计承包单位设立技术改造项目设计总工程师或技术改造项目负责人。

（3）明确分步预算要求

实施周期长的项目应要求设计承包单位编制分步预算。

1）对需要分步估增的技改项目，应提前做好分步预算。

2）根据项目实施方案，按照年度分割实施内容与范围，做好对应内容的分步预算。

2. 生产项目初步设计审查

（1）基本概念

初步设计是指在可研方案基础上的进一步设计，但设计深度还未达到施工图的要求，一般指从可行性研究批复起至初步设计批复止的阶段。

（2）管理要点

1）编制初步设计

A类、B1类技改项目（不含购置类项目）需编制初步设计报告。A类生产项目可细分为A1、A2、A3类。B类项目是指A类项目以外的项目，其中，生产及其他技改项目、修理项目可分为B1类项目和B2类项目。生产项目分类详见表3-3。

生产项目分类　　　　　　表3-3

A类生产项目			B类生产项目	
A1类	A2类	A3类	B1类	B2类
公司"三重一大"范围内的生产项目。执行《中国南方电网有限责任公司"三重一大"决策管理办法》的有关要求	具有前瞻性、创新性的试点项目（另行发文明确）	总部及直属机构所有生产及其他类技改、大修项目	（1）单个项目总投资大于（含）100万元的生产技改项目；（2）单个项目总投资大于（含）50万元的其他技改项目；（3）单个项目总费用大于（含）50万元的大修项目；（4）新增日常修理、试验检验项目、委托运行维护项目	A类和B1类以外的生产及其他技改项目、修理项目

2）审查初步设计

重点项目初步设计应委托具有相应造价审查资质的中介机构开展审查。评审小组一般由企业相关专家组成，也可根据项目情况邀请非企业内部专家。

3）明确初步设计审查主要内容

① 确定各专业主要工程量，提交工程量清单及设备清册；

② 对工程初步设计方案和概算提出评审意见；

③ 设计规模与可研批复是否相符；

④ 设计概算是否超过估算；

⑤ 工程是否执行上级单位和企业的标准设计；

⑥ 是否满足国家、行业和上级单位、企业的相关规定和深度要求。

4）明确初步设计开展要求

初步设计应按照可研批复的建设规模和投资规模开展工作，重点项目由企业专业部门组织，其他由项目实施单位组织。

5）明确审查结果要求

初步设计审查结果以会议纪要的形式体现，会议纪要需包含评审专家签名和评审意见等。

（3）主要流程

生产项目初步设计审批流程如图 3-5 所示。

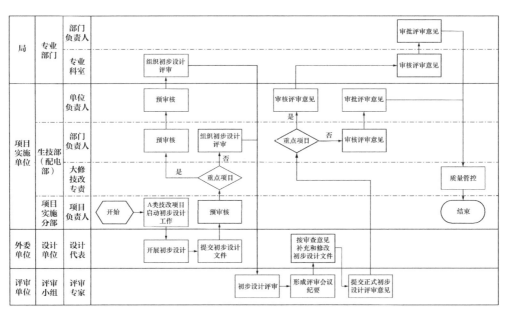

图 3-5　生产项目初步设计审批流程

3. 生产项目施工图设计审查

（1）基本概念

施工图设计是指从初步设计批准起至施工图设计完成并移交止的阶段。

（2）管理要点

1）明确施工图设计要求

对于包含建筑安装工程的项目都应进行施工图设计。

2）确定工程量

项目建设单位根据项目内容或初设确定各专业主要工程量，对施工图纸文件进行审查，填写施工图设计审查意见表。审查设计规模与项目内容或初步设计是否相符，施工预算是否超过概算，是否满足国家、行业和上级单位、企业相关规定与深度要求。

3）审查施工图

生产项目施工图设计由项目实施单位组织审查。施工图未经审查的不得使用。主要流程见图3-6。

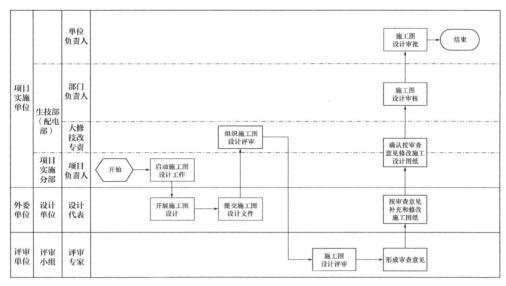

图3-6 生产项目施工图设计审查

4. 生产项目设计变更审查

基本概念：设计变更是指施工图审查完成起至工程竣工验收止的阶段，可分为重大设计变更、一般设计变更和小型设计变更。具体含义见表3-4。

设计变更类型　　　　　　　　　　　表3-4

类型	含义	按费用划分
重大设计变更	变更初步设计审查意见中的建设规模、设计原则、系统方案、建筑面积；一项变更需增减的工程费用超出一般设计变更费用上限的；延误施工工期、影响按期投产的变更项目	20kV及以下项目变更费用大于等于5万元；35kV及110kV项目变更费用大于等于10万元；220kV及以上项目变更费用大于等于20万元
一般设计变更	工程内容有变化、不涉及变更设计原则、不影响质量和安全经济运行、不影响整洁美观，由于变更引起费用增减超出小型设计变更费用上限的变更项目	20kV及以下项目变更费用2万~5万元；35kV及110kV项目变更费用2万~10万元；220kV及以上项目变更费用2万~20万元
小型设计变更	不涉及变更设计原则、不影响质量和安全经济运行、不影响整洁美观，费用有所增减的变更项目	项目变更费用小于等于2万元

(1)管理要点

1)填写设计变更通知单

任何原因引起的设计变更,必须填写正式的设计变更通知单,说明变更原因。

2)审批设计变更

设计变更审批采取分级审批原则,按照小型、一般、重大设计变更审批流程进行审批。设计变更通知单提交项目实施部门审查后,依次经设计、监理、项目实施单位签字后方可生效。

(2)主要流程

生产项目设计变更审批流程见图3-7。

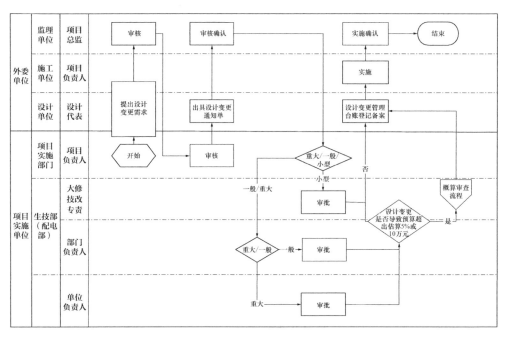

图3-7 生产项目设计变更审批流程

三、生产项目出库与审查

(一)生产项目计划编制

1. 生产项目年度计划编制

(1)管理要点

1)编制年度计划

各单位项目管理部门生产项目管理人员按照编制依据(图3-8)遵循轻重缓急原则,从项目储备库中选择项目编制下一年度的生产项目计划。未正式批复可研的项目，不允许申报年度计划。符合"三重一大"的项目，根据管理权限，需提交上级单位或企业相关决策机构进行投资决策。

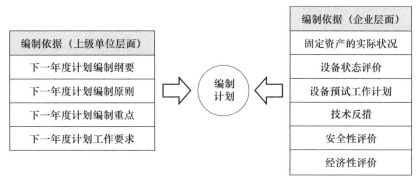

图 3-8 生产项目年度计划编制依据

2）明确年度计划优先级

生产项目管理人员编制年度计划应按上级单位或企业有关生产项目优选评分规则对项目进行优选评分，按项目轻重缓急程度进行排序。

3）明确年度计划编制材料要求

年度技术改造项目计划编制材料应包括以下内容：

① 编制说明，包括设备主要缺陷情况、本年重点投入方向、解决问题等。

② 特殊情况需要改造的设备，应补充设备状态报告、状态检修决策、事故／故障分析报告、缺陷分析报告等支撑性材料。

③ 项目优选评分及排序。

④ 生产技改项目计划汇总表、项目可研（申请书）。

⑤ 旧设备数量、规格、型号、厂家，初步技术鉴定和初步处置建议。

4）审批年度计划

通过审查的技改年度计划由企业生产项目管理人员报上级单位生产项目管理人员审批，上级单位生产项目管理人员批复后由上级单位生产项目管理人员统一下达，并再由电网企业生产项目管理人员下达至各项目实施单位。年度计划审批流程如图 3-9 所示。

5）明确年度修理计划优先级

年度修理计划应优先安排影响电网、设备或人身安全的项目。原则上非生产性修理项目不应超过年度预算的 20%。

6）明确年度修理计划编制材料要求

年度修理计划编制材料应包括项目编制说明、项目明细及内容、项目优选评分及排序、项目计划汇总表、项目可研（申请书）。

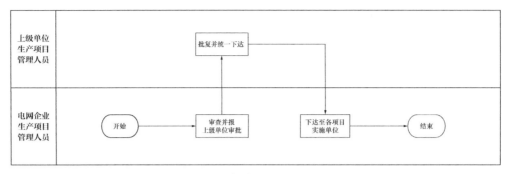

图 3-9　年度计划审批流程

7）计划审批

各项目单位生产项目管理人员需按照编制要求，按照轻重缓急原则，从项目储备库中选择项目编制下一年度的生产经营性项目计划并将建议计划报送电网企业资产管理部生产项目管理人员审核；通过审查后的 A 类项目（含汇总表和可研报告）报上级单位资产管理部生产项目管理人员审批。经上级单位生产项目管理人员审批通过后，A 类项目由上级单位资产管理部生产项目管理人员下达。通过审查后的 B1 类项目（含汇总表和可研报告）由企业资产管理部生产项目管理人员审批、下达并报上级单位备案。通过审查后的 B2 类项目（含汇总表和可研报告）由企业资产管理部生产项目管理人员审批、下达。企业资产管理部生产项目管理人员将 A、B 类项目汇总后由财务部统一下达给各项目实施单位。生产经营性计划审批流程如图 3-10 所示。

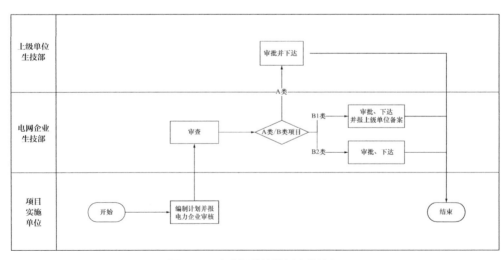

图 3-10　生产经营性计划审批流程

8）安排应急备用金

企业年度生产项目应包含应急备用金，项目计划编制和下达时单独列项，备用金的额度一般为年度生产项目投资总额的 5%～10%。

9）安排日常修理项目

日常修理项目可根据生产实际情况分批立项，可由企业直接下达或项目实施单位备案。

10）申报日常修理项目

年度维护保养类和常年需要开展的设备设施维修通用类日常维修项目在每年 6 月开展申报，项目单位审查后，报企业资产管理部审批，纳入当年电气类、土建类项目招标管理，企业财务部在下年年初下达。

（2）主要流程

技改项目年度计划编制流程如图 3-11 所示。

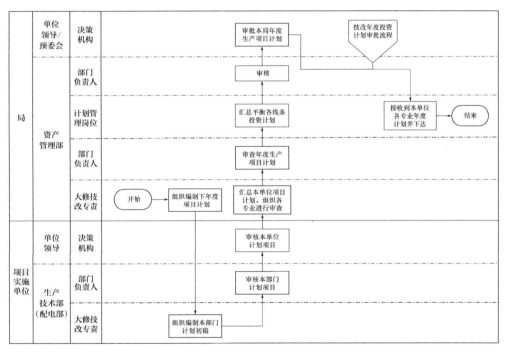

图 3-11 技改年度计划编制流程

2. 生产项目年度调整计划编制管理要点

（1）调整年度计划原则

生产项目年度计划下达后，各单位不得自行调整。发生以下情形，可对相应项目进行调整：

① 因电网运行、设备采购等原因造成项目难以按计划实施；

② 因电网事故、救灾抢修等突发事件需要紧急实施设备技术改造或维修；

③ 国家、地方、公司有关政策发生重大调整，需要实施或停止相关设备技

术改造或维修。

（2）调整年度计划

项目实施过程中如项目名称、完成期限（调整为跨年度）等发生变化确需调整时，需填报申请并经企业资产管理部同意后，在年中计划或下一年度计划中调整。

（3）取消年度计划

项目实施内容、总投资调整或项目取消时，按照管理权限，报企业资产管理部、上级单位资产管理部生产项目管理人员审批。如涉及年度预算调整，还需执行预算调整流程。

（4）调整资金计划

续建项目在年中预算调整时可以根据项目实施进度，调整项目本年度资金计划。

（5）审批调整计划

年中调整计划在年度投资计划基础上编制，经专业部门审查后，按照综合计划管理流程进行审批。

3. 费用性项目年度计划编制及调整计划编制

（1）审查试验检验项目、委托运行项目必要性

各单位项目管理部门生产项目管理人员组织项目管理人员、专业管理人员对试验检验项目、委托运行项目需求的必要性进行审查，经企业资产管理部专业管理部门生产项目管理人员审批后，由企业资产管理部生产项目管理人员审批、下达。

（2）审批取消计划

试验检验项目、委托运行项目实施内容、总投资调整或项目取消时，各单位项目管理部门报企业资产管理部审批。如涉及年度预算调整，还需执行预算调整流程。

（二）生产项目应急管理

各单位应当根据生产项目计划有序安排项目出库，同时必须考虑计划外因素的影响，规范生产项目应急管理全业务流程。应急项目是指未列入年度项目计划，但因设备及其配套设施等出现影响安全运行的隐患、缺陷、事故而急需开展的项目，或者根据安全生产需要需尽快开展的专项项目。应急项目包括抢修项目和紧急项目，抢修项目包括应急抢修和大规模抢修。应急项目的项目预算是以控制管理为目的而特别留出的项目预算。应急项目是用来应对项目范围内不可预见的工作，用来应对会影响项目的"未知—未知"风险，它不包括在进度基准中，

但其项目时间也属于项目总持续时间的一部分。依据合同条款，使用时可能需要变更进度基准[①]。生产应急项目管理内容如图 3-12 所示。

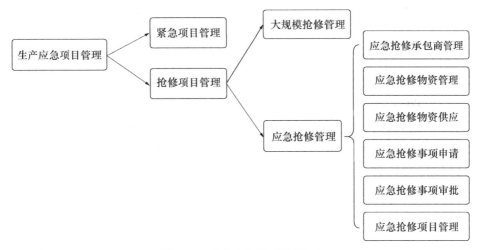

图 3-12　生产应急项目管理内容

在项目实施过程中，为进一步降低风险，提高理赔效率，聘请委托保险公估公司介入企业内赔案处理，对保险事故所涉及的保险标的进行独立评估、勘验、鉴定、估损和理算，各项目单位应当妥善保管索赔材料。索赔材料是指交付给保险公司用于申请事故索赔的相关资料，如现场照片、抢修物资领料单、抢修施工结算书、抢修物资购置合同等。

1. 生产抢修项目管理

（1）生产项目应急抢修承包商管理

1）基本概念

应急抢修承包商是指从事生产项目可研、勘察、设计的设计企业，从事生产项目土建、电气安装的施工企业，从事生产项目监理、调试、检测企业及从事修理、维护等维护类业务的企业。

2）管理要点

① 确定承包商

应急抢修承包商的选用原则上采用框架招标方式确定，框架招标按照采购管理办法执行。对于需要选取原设备厂家服务、检测等特殊承包商不能纳入框架范围的，可根据实际需要经审批后选用，审批过程需提供费用谈判资料。

② 开展招标

专业管理部门生产项目管理人员组织开展年度框架招标，招标方式为公开招

---

① PMBOK 第六版官方中文版，【PMP 知识点 2】应急储备。

标。每年12月前应完成下一年度的应急抢修承包商招标，招标范围和候选单位数量根据最近两年发生的应急项目确定，应急抢修承包商服务期限不超过两年，框架招标方案应明确中标分配方式、技术和商务要求等。

③ 估算费用

当发生应急抢修后，各运行单位生产项目管理人员根据抢修工作量，进行初步费用估算。需要调用应急抢修承包商的，从本单位应急抢修承包商框架内选取；框架内承包商不满足现场需要的，可推荐框架外承包商，并说明理由。

④ 选取承包商

框架内选取应急抢修承包商需根据招标时确定的分配方式选取。

⑤ 评价承包商

应急抢修情况应纳入年度承包商资信评价范畴。

（2）生产项目应急抢修事项申请管理要点

1）提出需求

当所维护的生产设备或配套设施出现影响安全运行的隐患、缺陷、事故（含外力破坏及盗窃）危及供电，需要开展应急抢修时，运行单位生产项目管理人员负责组织制定应急抢修方案，并提出抢修物资、抢修承包商（必要时才申请）需求。

① 抢修方案内容应当包括：应急事由、应急资源调配、应急实施组织等；

② 抢修物资需求内容应当包括：物资具体型号、规格及供应时间要求；

③ 抢修承包商需求内容应当包括：施工、设计、监理等，列明拟选用承包商名称、是否在应急框架内、拟外委金额等信息。

2）申请抢修

应急抢修事项产生后的1d内，运行单位审核应急抢修方案，填报《生产应急抢修物资申请单》《生产应急抢修事项审批单》，提请审批。当应急抢修事项需要立即组织实施时，生产项目管理人员可以口头、电话或短信方式提出抢修申请，申请内容与正常情况要求相同，应急抢修事项发生后的2个工作日内补报申请。

（3）生产项目应急抢修项目管理

1）基本概念

应急抢修项目是指有以下情况，需要紧急委托承包商开展抢修而立项的计划外抢修项目：

① 因遭遇自然灾害、外力破坏、突发性故障造成生产设备、线路及配套设施受损，受损范围、数量规模较小，但影响人身、电网、设备安全稳定运行的；

② 对全企业重大工作推进有影响，需要立即解决的；

③ 本着以客户为中心，涉及对周边居民生活有明显影响、群众反映强烈、

频繁投诉的问题，需要尽快处理的；

④ 巡视、审计问题需要立行立改、立刻实施的；

⑤ 经专业部门批准、其他需要紧急处理的问题。

2）管理要点

① 管理立项

a.《生产应急抢修事项审批单》《生产应急抢修物资申请单》审批完成后，运行单位在 3 个工作日将以上资料报资产管理部，急需申报物资需求的可在投资计划系统发起应急项目立项流程，资产管理部审查通过后在系统内预建项目。

b. 主网运行单位在抢修完成后的 15 个工作日、配网运行单位在抢修完成后的 7 个工作日内，将加盖公章后的《抢修项目立项申请表》和保险公司的《出险通知》的扫描件和电子文档上报资产管理部审查，审查通过后，运行单位在投资计划系统发起应急项目立项流程进行项目立项，已在系统内预建项目需进行调整的可在系统发起项目信息更新流程，调整该抢修项目明细。主配网抢修事项发生后，各单位应及时报险，不涉及设备损坏的，在项目立项时需提供《无保险说明》，以保障公司保险索赔权益。《无保险说明》需基层单位盖公章，内容包括事故发生经过、主要原因、损失情况、时间和地点等。

c. 修理类应急抢修项目纳入各批次的预算调整，由财务部统一下达；技改类应急抢修项目纳入年中调整或年度计划，由计划部统一下达。

d. 如有承包商参与应急抢修，项目预算和《出险通知》的索赔金额均需包含施工费和设备材料费。如无承包商参与应急，项目预算不包含施工费，只有设备材料费。《出险通知》的索赔金额需包含运行单位发生的费用（指运行单位参与项目抢修的人工费、机械台班费等）和设备材料费。

e. 应急抢修申请同意后，运行单位的保险联系人应在 24h 内通知保险公司报险，并做好现场照片及其他相关资料的收集，同时通知财务部保险负责人。

② 管理物资需求及领料

a. 备品备件定额内的物资需求，由物流中心负责填报物资需求。

b. 备品备件定额外的物资需求，按照先报需求再送货的原则，由运行单位生产项目管理人员负责上报；因现场实施需要先送货再补报需求的，由物资管理部门在送货完成后通知物资供应商在 2 个工作日将送货单送物资管理部门确认，运行单位在 2 个工作日内将送货单扫描件报物资管理部门确认，物资管理部门核对无误后于 2 个工作日内在系统中填报物资需求。

c. 供应链相关科室收到需求后，负责在 3 个工作日内完成物资批复手续。如抢修发生时按照当时有效期内框架中标供应商通知送货，但在物资需求报送至供应链部批复时，其框架已过期的，物资部可依据《生产应急抢修事项审批单》《生产应急抢修物资申请单》及原框架结果按供应商原中标价直接批复供应商及价格。

d. 物资管理部门负责在批复后 2 个工作日内完成物资入库手续，各运行单位生产项目管理人员在入库手续完成后 3 个工作日内在系统中完成相应项目的物资领料工作。不含施工及其他费用的修理类应急事项的应急抢修物资可不立抢修项目，在当年材料购置项目列支。

e. 运行单位相应生产项目管理人员将物资领料单收存并作为索赔资料。

③ 管理物资购置合同

物资管理部门负责签订，并负责提供购置合同复印件给运行单位作为索赔资料。

④ 管理承包商合同

如在应急抢修处理过程中调用了承包商，由运行单位生产项目管理人员负责与其签订合同，并将结算书收存作为索赔资料。采用应急框架招标结果的，按已签订的框架合同执行。非框架中标范围的，谈判完成后签订合同。

⑤ 索赔及定损

索赔及定损程序见表 3-5。

索赔及定损　　　　　　　　　　　　　　　　　　表 3-5

程序	负责部门/人员	职责
索赔资料收集	运行单位生产项目管理人员	在抢险后 60d 内交索赔资料给财务部保险负责人
索赔资料上交	财务部	向保险公司递交索赔资料
核损确认	运行单位生产项目管理人员	与保险公司协商，确定赔付金额，并报财务部审核

⑥ 结算项目

应急抢修项目结算相关内容见表 3-6。

应急抢修项目结算　　　　　　　　　　　　　　　　表 3-6

参与部门		结算时间	结算资料	
主要负责部门	配合部门		办理结算	核实结算
运行单位生产项目管理人员	财务部、物流中心	应急抢修项目正式下达后的 2 个月内完成项目（包括物资和承包商）结算	物资合同、发票等结算资料由物流中心提供给财务共享中心	物流中心提供项目"甲供材料清单"作为物资结算资料，一式三份（一份给财务共享中心，其余两份给运行单位）

⑦ 退役资产及增资

如属技改项目，由运行单位生产项目管理人员负责完成相关资产退役（申请报废或闲置）、增资手续，后将退役物资交物流中心开展相关仓储及报废业务，财务部负责审核新投运资产的增资工作。

（4）生产大规模抢修项目管理

1）基本概念

大规模抢修项目是指因遭遇台风、冰雪凝冻、水灾、地震等自然灾害造成生产设施大面积受损，受损范围不可控，出现区域电力供应中断情形，需紧急委托承包商开展大规模抢修复电而立项的计划外抢修项目。

2）管理要点

① 成立大规模抢修组织机构

当产生大规模抢修需要时，企业生产项目管理人员组织成立大规模抢修组织机构，即应急抢修领导小组，由分管领导担任领导小组组长，资产管理部负责人、财务部负责人、安全监察部负责人担任副组长，相关运行单位主要负责人担任小组成员。应急抢修领导小组组织架构如图3-13所示。在应急预警及响应启动过程中，大规模抢修组织机构接受企业应急指挥中心统一指挥。

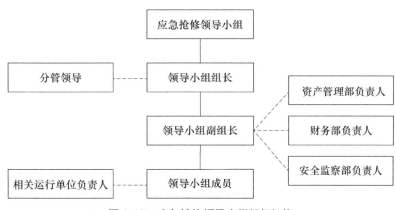

图3-13 应急抢修领导小组组织架构

② 完成准备工作

企业资产管理部生产项目管理人员接到应急预警后，立即启动大规模抢修组织机构运作机制，评估可能受灾区域，组织各级项目实施部门人员、年度应急抢修承包商进驻相关区域待命。同时将应急预警通知到财务部，协助财务部开展索赔的前期准备工作。

③ 大规模灾害发生后查勘现场

对涉及保险索赔的生产大规模抢修项目，运行单位生产项目管理人员在出险后应及时报案，并根据财务部相关要求开展现场查勘工作。现场查勘主要是核对受损情况、统计实际损失数量、鉴定受损程度、制作现场查勘记录、对抢修前后情况拍照留存。

对于因抗灾抢险需要快速抢修完毕，导致保险公司、保险公估公司未能及时进行现场查勘的受损设施，运行单位应做好记录和拍照工作，并尽量保存好受损财产，以备查验。

④ 管理外协应急抢修承包商

所有的大规模抢修工作原则上均需应急抢修监理单位参与，一般抢修项目根据实际情况安排监理单位参与，监理单位需做好旁站记录。抢修工作完成后，项目实施部门应组织班组进行验收，核实工程量，工程量签证由施工单位、监理单位、运行单位三方确认签字。

⑤ 立项申报大规模抢修项目

参照一般抢修项目立项程序。

2. 生产紧急项目管理

（1）基本概念

紧急项目是指为执行反措或消除生产设施安全隐患而急需委托承包商实施的计划外生产项目或上级单位、企业专项安排开展的计划外项目。

（2）管理要点

生产紧急项目应履行可研审批程序。生产紧急项目由项目实施单位生产项目管理人员组织编制可研报告，在投资计划管理系统上按照审批原则上报，由企业资产管理部生产项目管理人员审批，属于 A 类项目的由企业资产管理部上报上级单位资产管理部生产项目管理人员审批，取得项目批复后方可实施。生产紧急项目审批程序如图 3-14 所示。

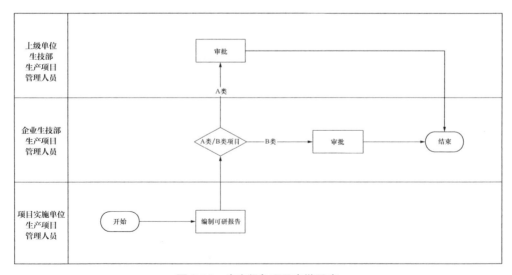

图 3-14　生产紧急项目审批程序

第二节　生产项目策划管理实践

基于以上生产项目策划管理规定，结合科学经济（Economy）考虑，相关电网企业开展了策划管理的实践，取得了初步成效。

一、生产项目四库协同

（一）建设背景

生产项目管理主要面临以下问题：

（1）缺少任务跟踪：缺乏对生产项目任务管理的数据支撑，难以实时掌握任务闭环情况、及时发现问题、解决问题。

（2）缺乏监控可视化：缺少任务、问题及项目数据关联信息，数据可读性较差，缺乏可视化支撑，项目管理人员难以快速准确把握关键信息。

（3）问题立项不规范：问题立项相关信息，经常漏填、错填、填写不规范，导致项目数据与问题数据难以匹配，无法实现问题信息流转监控。

（二）功能定位

开发应用生产项目四库协同，作为项目实施过程管控的信息化管理工具，主要包含总体分析、任务库、问题库、储备库、项目库等功能：

（1）总体分析（图3-15）：对各类库的数量、问题闭环、项目配套率、完成率，按专业、单位、任务类型等多维度分析，实现四库协同各项指标监控，实现任务库—问题库—储备库—项目库线上运转，实时监控各阶段数据情况。

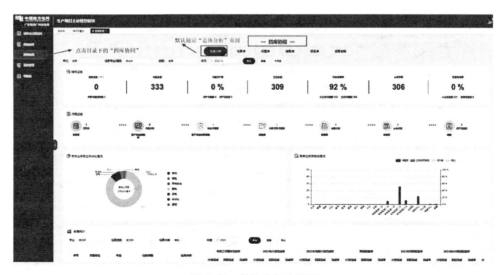

图3-15　总体分析功能页

（2）任务库（图 3-16）：实现生产项目管理过程中，任务的录入、编辑、审核、任务视图查阅等功能，建立任务数据库，与生产问题进行协同。

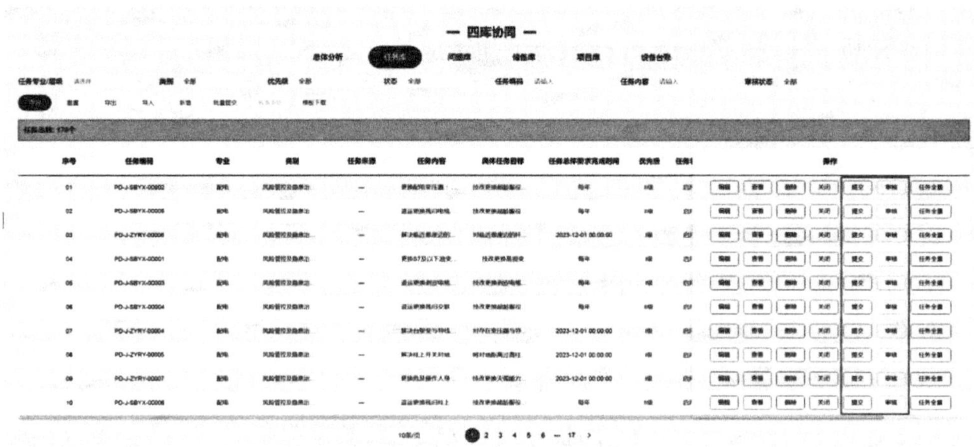

图 3-16 任务库功能页

（3）问题库（图 3-17）：通过同步系统问题库数据，对数据进行再处理，对缺失、错误、新增字段进行信息录入，完善问题数据，实现问题与任务、项目的关联和流转。

图 3-17 问题库功能页

（4）储备库（图 3-18）：对问题、项目流转到储备库中的数据进行监控。
（5）项目库（图 3-19）：对问题关联的项目、已经立项的数据进行监控，并对关联项目的进度进行跟踪。

第三章 | 生产项目 5E 全过程管理中科学经济的策划环节

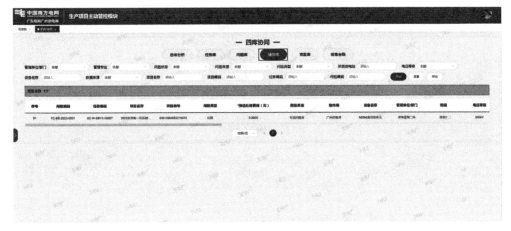

图 3-18　储备库功能页

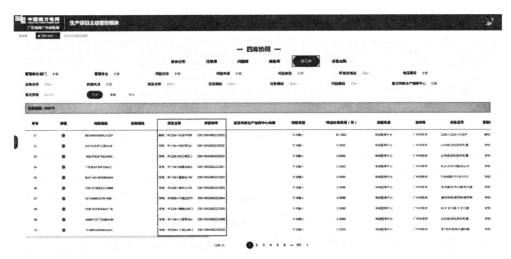

图 3-19　项目库功能页

（三）应用模块

四库协同业务流转见图 3-20。

1. 总体分析

（1）指标监控

根据任务库、问题库、项目库等数据，进行融合分析，按照单位、专业、年度等维度，展示任务总数、问题总数、问题闭环率、立项总数、项目配套率、出库总数、项目完成率等。

（2）流程监控

实现按照单位、专业、年度等维度，展示问题从"任务库—问题库—储备库—项目库"的整个流程的流转情况及闭环情况。

41

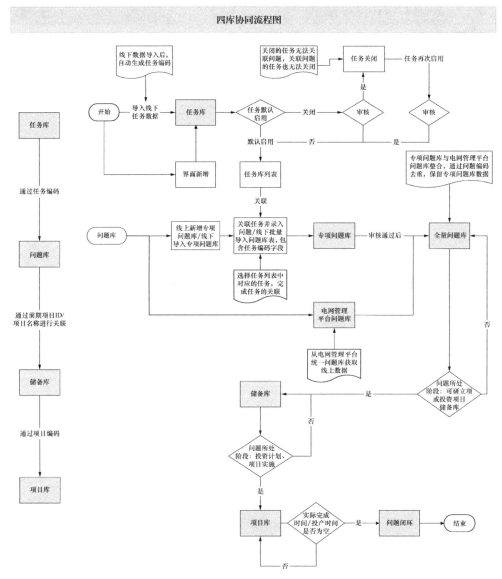

图 3-20 四库协同业务流转

（3）监控分析

实现按照单位、专业、年度等维度，展示各专业项目立项占比情况，按照单位维度，展示问题数、已完成项目数、闭环率、同比情况分析等。

2. 任务库

对问题相关任务信息进行录入、新增、编辑、删除、审核等，实现按照专业、类别、审核状态、优先级维度展示任务列表，展示字段为：任务编码、专业、层级、类别、任务来源（发文、方案、会议纪要等）、任务内容、具体任务目标、任务总体要求完成时间、优先级、任务状态、审核状态、操作。

3. 问题库

通过同步系统生产项目统一问题库数据，实现管理单位、管理专业、问题状态、问题来源、问题类型、所属变电站、电压等级、设备名称、问题所处阶段等维度展示全量问题库列表信息。

4. 储备库

实现按照管理单位、管理专业、问题状态、问题来源、问题类型、所属变电站、电压等级、设备名称、问题所处阶段等维度展示全量问题库列表信息；展示地市局、设备名称、管理单位/部门、班组、电压等级、管理专业、设备全路径等信息。

5. 项目库

实现按照管理单位、管理专业、问题状态、问题来源、问题类型、所属变电站、电压等级、设备名称、问题所处阶段等维度，展示项目库列表信息；展示拟立项类型、项目名称、项目编码、问题编码、任务编码、预估处理费用（元）等信息。同步实现对问题关联的项目的进度跟踪。

二、"1234"大修技改项目优选评分法

（一）建立优选评分模型

优选评分模型如图 3-21 所示。

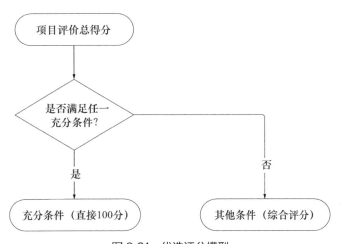

图 3-21　优选评分模型

（二）具体思路

"1234"优选评分法出入库策略，主要关注项目能否在当年投产、策略风险等级、任务督办情况及保底整改方向等，综合评分确定项目入库次序，具体

是指：

"1"种情况：能否在当年投产；

"2"个基本点：生产项目重点投入策略风险等级、入库审查评级；

"3"层背景：网、省、企业重点工作任务相关性；

"4"个方面：技改项目指反措隐患整治方面、老旧到期更换方面、防风防汛迎峰度夏整治方面、智能化改造方面等工作量比例分析；大修项目是指反措隐患整治方面、周期性检修方面、防风防汛迎峰度夏整治方面、防范火灾整治方面。

"1234"优选评分方法化繁为简，是"风险—效能—成本"的简约化体现，对项目策略分析过程做减法，在项目入库策略优化提升上做加法，具有很高的实操价值。

（三）操作步骤

项目优选评分模型包含满足项目准入充分条件和满足必要条件的优选评分模型。项目一旦满足充分条件的，即得满分；项目满足必要条件的，则采用层次分析法建立项目优选评分模型，技改项目优选指标参见表3-7，大修项目优选指标参见表3-8。

技改项目优选指标体系 表3-7

一级目标	二级目标	三级指标
技改项目优先级	两个基本（0.6）	重点投入策略风险等级（0.3）
		入库审查评级（0.3）
	四个方面（0.4）	反措隐患整治（0.1）
		老旧到期更换（0.1）
		防风防汛迎峰度夏整治（0.1）
		智能化改造（0.1）
	加分项：能否在当年投产	能则计2分

大修项目优选指标体系 表3-8

一级目标	二级目标	三级指标
大修项目优先级	两个基本（0.6）	重点投入策略风险等级（0.3）
		入库审查评级（0.3）
	四个方面（0.4）	反措隐患整治（0.1）
		周期性检修（0.1）
		防风防汛迎峰度夏整治（0.1）

续表

一级目标	二级目标	三级指标
大修项目优先级	四个方面（0.4）	防范火灾整治（0.1）
	加分项：能否在当年投产	能则计 2 分

评分规则为：

（1）判断项目是否满足任一充分条件：是否涉及网、省、企业层面统筹的专项工作，由专业把关，如果属实，则项目得分直接为 100 分。

（2）如果项目不满足准入条件中任一充分条件，按其他条件进行相应的打分，合计数为项目得分。重点投入策略风险等级按Ⅰ级、Ⅱ级、Ⅲ级 3 档评分，入库审查评级按Ⅰ类、Ⅱ类、Ⅲ类 3 类评分，级别（类别）越往后分数越低，对应分数档次分别为 30 分、20 分和 10 分。两个基本评分规则见表 3-9。

两个基本评分规则　　　　表 3-9

两个基本			
策略风险等级评分		入库审查专家评分	
级别	分数	类别	分数
Ⅰ级	30	Ⅰ类	30
Ⅱ级	20	Ⅱ类	20
Ⅲ级	10	Ⅲ类	10

以技改项目为例，如反措隐患整治、老旧到期更换、防风防汛迎峰度夏整治、智能化改造等方面，以工作量比例计算分数。加分项为能否在当年投产，若能则计 2 分，若不能则不加分。项目实施时具体按照项目优先级评分结果，从储备库择优选择。

以大修项目为例，项目总分计算方法如下：

项目总分＝基本项得分＋加分项得分

　　　　＝（两个基本评级得分＋四个方面占比加权得分）＋一种情况得分

　　　　＝策略风险等级评分（最高 30 分）＋

　　　　　入库审查专家评级得分（最高 30 分）＋10 分×

　　　　　反措隐患整治占比＋10 分×周期性检修占比＋10 分×

　　　　　防风防汛迎峰度夏整治占比＋10 分×防范火灾整治占比＋

　　　　　能否在当年投产（能则计 2 分，否则计 0 分）

项目具体评分可按照表格 3-10 和示例填写操作。

技改项目优选评分表　　　　　　　　表 3-10

项目	"2"个基本点				"3"层背景			"4"个方面				"1"种情况		加分	1234优选评分
	策略风险等级	得分	入库评审优先等级	得分	是否涉及企业层面统筹的专项工作	是否涉及网公司督办的专项工作	是否涉及省公司督办的专项工作	反措及重大隐患消除工作内容占比	老旧到期更换工作内容占比	防风防汛迎峰度夏工作内容占比	智能化改造工作内容占比	预计投产时间（精确到月）	能否在当年投产结算		
变电所110kV XX站全站综自系统改造	Ⅰ级	30	Ⅰ类	30	否	否	否	50%	100%	0	70%	2022/6/30	不能	0	82
变电所110kV XX站部分保护改造	Ⅰ级	30	Ⅱ类	20	是：反措整改	否	否	70%	100%	0	70%	2022/6/30	不能	0	100
变电所购置5台六相继保测试仪	Ⅲ级	10	Ⅲ类	10	否	否	否	0	0	0	0	2021/12/30	能	2	22

三、日常修理项目预算测算模型

日常修理项目是包含在进度基准中的一段持续时间，用来应对已经接受的已识别风险。与"已知—未知"风险相关，需要加以合理估算，用于完成未知的工作量。日常修理项目可取活动持续时间估算值的某一百分比或某一固定的时间段，亦可把日常修理项目从各个活动中剥离出来并汇总。随着项目信息越来越明确，可以动用、减少或取消日常修理项目，应该在项目进度文件中清楚地列出日常修理项目。

（一）模型建设背景

1. 建设背景

电网企业资产密集，经营管理面临重要问题：

（1）如何贯彻落实资产全生命周期管理理念；

（2）如何加强和规范电网企业日常修理项目精细化管理工作；

（3）如何完善电网装备和电力生产配套设施，合理控制生产成本；

（4）如何通过预算管理实现企业资源的合理调配和有效控制；

（5）如何保障资产设备安全，支撑公司稳步经营。

2. 模型目标

公司经过几年的实践，已经建立了日常修理项目预算测算模型。该模型旨在更好地实现全面预算管理，有效配置企业资源，控制经营成本，提高经营效率和管控能力，促进公司决策科学化。

3. 模型范围

日常修理项目预算测算模型适用于输电、变电、配电等领域的日常修理项目。模型覆盖从规划开始，到目标设定的管理。从往期的数据实现预算管理对业务活动的参与及管控。

（二）模型建设原理

1. 模型指标

合理倾斜系数为将重要性偏差合理化所构造的系数，其为常规设备平均维修费用/非常规设备平均维修费用。

相对老化系数是为各单位间的设备能够处于同一水平作比较所做的处理，其为运维单位的设备使用平均年限/该类设备的全局使用平均年限。

有效数量是综合考虑合理倾斜系数和相对老化系数之后的设备数量。

年度投入是年度日常修理项目结算金额/有效设备量。

单位设备合理年度投入，利用三点估算法（年度投入最小值＋4×年度投入平均值＋年度投入最大值）/6。

下期预测数量是单位设备合理年度投入与当期有效数量之积。

2. 模型原理及运用

（1）模型原理

日常修理项目预算测算模型是对预测对象往期数据进行适当处理，在得到有效数据后结合所构造的相关系数，对下期做出预测（图3-22）。具体步骤如下：

1）判断所预测对象是否存在重要性偏差。若存在重要性偏差，则构造合理倾斜系数，将重要性偏差合理化后得到合理倾斜数量。

2）判断所预测对象是否需要考虑相对老化。若需要考虑相对老化，则构造相对老化系数。

3）判断所预测对象的有效数量。

有效数量＝（常规设备数量＋非常规设备数量×合理倾斜系数）×相对老化系数

4）判断单位设备合理年度投入。通过年度日常修理项目结算金额与当期有效数量得到年度投入，再使用三点估算法确定单位设备合理年度投入。

5）做出预测。单位设备合理年度投入与预测对象当期有效数量的积，即为所预测下期的数量。

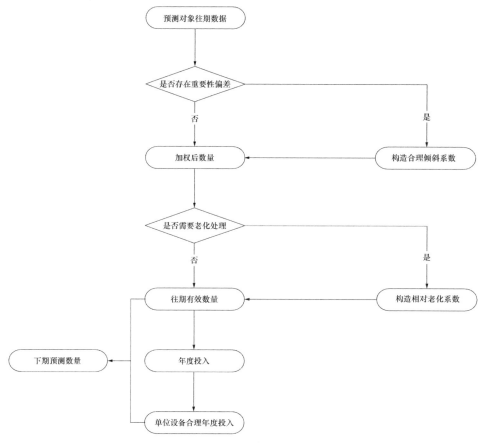

图 3-22　日常修理项目预算测算模型

（2）模型运用

以单位 A（配网配电房维修）为例，截至 2020 年底，某地级市公司各区局配电维修基本情况如表 3-11 所示。

1）判断所预测对象是否存在重要性偏差。由于配电房分为地下电房和地上电房，存在地下电房（重要性偏差）。构造合理倾斜系数，此处合理倾斜系数为地下电房平均维修费用 / 地上电房平均维修费用，可得单位 A 合理倾斜系数为 1.2。

2）判断所预测对象是否需要考虑相对老化。由于各单位配电房需要考虑相对老化，构造相对老化系数，此处相对老化系数为各子单位电房使用平均年限 / 单位整体电房使用平均年限，子单位 A 电房平均使用年限为 15 年，单位电房平均使用年限为 9 年，因此子单位 A 相对老化系数为 1.69。其他各期以此类推。

表 3-11 配电维修基本情况

单位	电房实际数量	地下电房数量	地下电房合理倾斜数量	地上电房数量	电房加权后数量	2019年平均年限	2020年平均年限	2018年相对老化系数	2019年相对老化系数	2020年相对老化系数	2018年电房有效数量	2019年电房有效数量	三年平均	2020年电房有效数量	2018年结算	2019年结算	三年平均	每间电房年度投入	电房2021年预测
A	2176	308	370	1868	2238	15	15	1.67	1.67	1.69	3729.33	3729.33	3605.02	3790.46	0	268	268	0.07	466
B	2017	478	574	1539	2113	12	12	1.44	1.33	1.37	3051.53	2816.80	2871.57	2888.31	0	154	154	0.05	355
C	2957	1306	1567	1651	3218	11	11	1.22	1.22	1.24	3933.36	3933.36	3802.24	3985.84	0	465	465	0.12	490
D	3246	1059	1271	2187	3458	10	10	1.22	1.11	1.18	4226.20	3842.00	3957.26	4069.22	445	391	432	0.11	501
E	2694	866	1039	1828	2867	6	6	0.78	0.67	0.74	2230.04	1911.47	2145.09	2109.12	567	626	545	0.25	260
F	5901	899	1079	5002	6081	9	9	1.00	1.00	0.97	6080.80	6080.80	6080.80	5900.85	437	232	335	0.06	726
G	2757	64	77	2693	2770	7	7	0.78	0.78	0.75	2154.29	2154.29	2082.48	2082.82	0	410	410	0.20	256
H	7898	91	109	7807	7916	9	8	1.00	1.00	0.97	7916.20	7916.20	7652.33	7645.07	210	842	653	0.09	941
I	5084	2053	2464	3031	5495	8	8	0.89	0.89	0.88	4884.09	4884.09	4904.44	4826.08	0	303	303	0.06	594
J	3660	1177	1412	2483	3895	7	7	0.78	0.78	0.77	3029.76	3029.76	2928.76	2995.44	0	184	184	0.06	369
K	1592	462	554	1130	1684	8	8	0.89	0.89	0.86	1497.24	1497.24	1447.34	1448.30	275	81	159	0.11	178
全局	39982	8763	10516	31219	41735	9	9	1.00	1.00	1.00	42733	41795	41477.33	41742	1934	3956	2605	0.06	5137

3）判断所预测对象的有效数量。根据电房有效数量＝（地上电房数量＋地下电房数量×合理倾斜系数）×相对老化系数，地下电房数量×合理倾斜系数则得到地下电房合理倾斜数量。可得子单位 A 地下电房合理倾斜数量为 370，地上电房数量为 1868，由 1）中可知合理倾斜系数为 1.2，则有效数量为 3790.46。

4）判断单位设备合理年度投入。首先计算年度投入＝年度电房日常修理项目结算金额／电房有效数量，此案例中利用 2017～2019 年的平均结算金额和平均有效量计算各区局的年度投入，再使用三点估算法确定单位设备合理年度投入为 0.12。

5）做出预测。最后利用所算出的电房合理年度投入 0.12 乘以子单位 A 电房有效数量 3790.46，得到子单位 A 次年预测数量为 466 万元。

四、基于未来续建压力控制和转固贡献的投资计划分配法

（一）模型建设背景及目标

1. 建设背景

随着新一轮输配电价改革的不断推进，对电力企业降本增效的监管越来越严格。近五年，某地级市电力企业资本性生产项目投资总额呈逐年递增的趋势。生产项目的有序开展，保障了电网安全稳定、可靠运行，关键指标稳中有升。然而，由于前期策划不准确、投资分配不合理导致的续建压力大、转固效益低等问题亟须解决。

2. 模型目标

通过搭建基于未来续建压力控制和转固贡献的投资计划分配模型，有效引导资本性生产项目实现精准投资、精细管控、按时结算、及时转固，促进投资效能提升。

（二）模型建设原理

1. 模型指标

未来续建压力是根据项目建设周期及投资安排计算得出的投资金额，为总投资与已投产部分的投资之差。

未来压力占比是单位未来续建压力／总未来续建压力。

压力阈值系数是 100%－未来压力占比。

转固贡献是根据项目实施内容及投产评估测算得出的当年可转固金额。

转固贡献基础系数是单位年度转固贡献／总年度转固贡献。

转固贡献有效系数是压力阈值系数×转固贡献基础系数。

合理投资分配系数是单位转固贡献有效系数／总转固贡献有效系数。

应分配的新建总投资是年度投资总盘子×合理投资分配系数。

2. 模型原理及应用

（1）模型原理

资本性生产项目投资分配模型是基于项目目前建设状况和未来建设计划进行评估预测，再结合相关数据所搭建起来的模型（图 3-23）。具体步骤如下：

1）测算续建压力。

2）计算压力阈值系数。

3）测算单位年度可转固金额。

4）计算转固贡献有效系数。

5）得出合理投资分配系数。

6）投资分配。

图 3-23　投资模型应用步骤

（2）模型应用

以单位 A（生产技改）项目为例，基于续建压力阈值和挣值的生产技改项目投资计划管控模型如表 3-12 所示。

基于续建压力阈值和挣值的生产技改项目投资计划管控模型　　表 3-12

单位	未来续建压力（万元）	未来压力占比	压力阈值系数	转固贡献（万元）	转固贡献基础系数	转固贡献有效系数	合理投资分配系数	应分配的新建总投资（万元）
A	403.66	22.62%	77.38%	168.70	33.96%	26.28%	34.75%	104.26
B	675.58	37.85%	62.15%	136.38	27.46%	17.06%	22.57%	67.70
C	592.20	33.18%	66.82%	88.77	17.87%	11.94%	15.79%	47.37
D	10.59	0.59%	99.41%	47.00	9.46%	9.41%	12.44%	37.31
E	53.05	2.97%	97.03%	26.50	5.33%	5.18%	6.85%	20.54
F	49.73	2.79%	97.21%	29.39	5.92%	5.75%	7.61%	22.82
全局	1784.81（各单位续建压力之和）	单位续建压力／总续建压力	1-比例	496.74（各单位转固贡献之和）	单位年度转固贡献／总年度转固贡献	压力阈值系数×转固贡献基础系数	单位转固贡献有效系数／总转固贡献有效系数	300（公司年度投资总额）

1）测算续建金额。单位 A 测算未来需要续建的项目总金额为 403.66 万元，总额为 1784.81 万元。

2）计算压力阈值系数。单位 A 未来压力占比为 403.66/1784.81＝22.62%，则压力阈值系数为 77.38%。

3）测算单位年度转固金额。单位 A 测算本年度可转固金额为 168.70 万元，总转固金额为 496.74 万元。

4）计算转固贡献有效系数。单位 A 转固贡献基础系数为 168.70/496.74＝33.96%，则转固贡献有效系数为 77.38%×33.96%＝26.28%。

5）得出合理投资分配系数。单位 A 转固贡献有效系数为 26.28%，转固贡献有效系数之和为 75.62%，得出单位 A 合理投资分配系数为 34.75%。

6）投资分配。该公司年度新建总投资为 300 万元，结合合理投资分配系数，得出单位 A 应分配的新建总投资为 300×34.75%＝104.26 万元。

第四章

生产项目 5E 全过程管理中规范高效的采购环节

第一节　生产项目采购管理规定

第二节　生产项目采购管理实践

第一节　生产项目采购管理规定

一、制定生产项目招标采购策略

（一）基本概念

生产项目采购环节涉及基本概念见表 4-1。

生产项目采购环节涉及基本概念　　　　　表 4-1

术语		定义
采购类别	物资类采购	物资及其报废、运输、品质控制的招标及非招标采购工作。物资是指用于企业所有业务需求的设备、材料等物品，包括电工产品、通信类设备、信息类设备（不含软件）、仪器仪表、材料产品、机械产品、工器具、办公类设备、低值易耗品等
	非物资类采购	物资类采购以外的招标及非招标采购工作
储备物资		企业为满足生产、经营、抢险、抢修等需要，实行定额存储的物资。 （1）按种类分：应急储备类、备品备件类、办公用品类、工器具类、低值易耗品类等； （2）按储备方式分：自购储备、协议储备； （3）按统筹管理的主体分：地市企业（厂）统筹、省级单位统筹、总部统筹储备； （4）按物资特点分：战略储备、常规储备
供应商		通过提供劳务、货物、智力服务等获得资金或者其他报酬的法人或自然人，包括承包商、供货商和服务商
供应商分类	承包商	在工程建设项目中提供可研、勘察、设计、监理、施工、调试和工程咨询等服务的企业法人
	供货商	向用户提供某一品类商品及相应服务的企业法人，包括制造商、经销商和其他中介代理机构
	服务商	提供专业化的智力、咨询、劳务等服务的法人或自然人
招标采购主要参与方	招标人	提出招标项目、进行招标的法人或其他组织
	投标人	响应招标、参加投标竞争的法人或其他组织
	招标服务单位	承担招标服务工作的部门/单位/招标代理机构
招标采购方式	公开招标	招标人在公开媒介上以招标公告的方式邀请不特定的法人或其他组织参与投标，并从符合条件的投标人中择优选择中标人的一种招标方式
	邀请招标	招标人以投标邀请书的方式邀请特定的法人或其他组织投标，并从符合条件的投标人中择优选择中标人的一种招标方式

续表

术语		定义
招标采购方式	框架招标	对一定期限内同类标的实行统一招标采购的一种形式。通过一次招标确定中标人，并与中标人签订框架采购协议。在协议有效期内，根据具体项目与中标人签订供货合同
非招标采购方式		以公开招标和邀请招标之外的方式取得货物、工程、服务所采用的具体办法，包括竞争性谈判、单一来源采购、询价采购、零星采购以及电商化采购等采购方式
投标人资格审查方式	资格预审	招标人出售招标文件前对潜在投标人进行的资格审查，由资格审查委员会负责
	资格后审	在开标后对投标人进行的资格审查，由评标委员会负责
采购项目部门	项目管理部门	负责统筹管理项目的职能部门
	专业管理部门	负责项目所涉及相关专业管理的职能部门
	招标专业小组的组长单位	职能管理部门等

（二）管理要点

（1）招标采购策略的制定以实现资产的全生命周期风险、效能、成本的综合最优为目标。应充分考虑资产全生命周期管理的相关内容，对电网资产的计划、设计、采购、建设、运维、检修、退役的全生命周期进行综合考虑。

（2）招标工作应当依法依规有序开展。工程建设项目根据项目特点和管理需要，经批准可采用相应总承包方式开展招标工作，具体操作方式须符合国家相关法律法规。原则上，集中采购物资应按照相关物资管理规定开展采购及签约工作。

（3）鼓励新技术成果、新产品使用。对新技术成果、新产品的采购，需遵循相关规定，采用合理的招标或非招标方式，严格按照国家相关法律和企业有关规定进行采购。

（4）应针对不同采购物资类别合理选择相应的采购方式。储备物资采购可根据实际需要选择合适的采购方式，根据储备物资特点制定相应的采购方案。

（5）鼓励绿色环保产品和服务的使用。在工程、货物、服务采购中，应充分考虑节能减排综合效益。

（6）做好统筹安排，高效开展采购活动。各招标专业小组应根据年度资金预算和年度投资计划，组织相关部门及单位梳理本专业组业务范围内全企业年度需开展招标采购的项目情况，统筹编制年度招标采购计划，以实现全企业同一类型招标采购项目按批次集中采购，提高集中规模效应和采购效率。

（7）加强集中采购管理，实现降本增效。各招标专业小组应根据本专业业务特点，考虑采购质量、成本和效率的综合效益最优，制定本专业的集中招标采购策略，明确本专业相关采购及操作执行管理原则，制定本专业各类采购的具体策略内容，报招标领导小组审议通过后执行，为本专业招标采购提供指导意见，提升集中招标采购规范化水平，提高采购效率与质量。

二、编制生产项目招标采购方案

（一）管理要点

（1）招标方案包括公开招标方案和邀请招标方案两种，招标代理机构须根据招标项目的特点编制招标方案。招标方案应包括招标范围、标包划分、立项批复情况、招标方式、投标人资格审查方式（资格预审或资格后审）、资格审查的标准和方法、评标委员会组建办法、评标办法、中标推荐原则、中标结果分配原则和时间进度安排等内容。采用邀请招标时还应对采用邀请招标的理由及被邀请人的情况进行说明。再次招标的还必须对上一次招标失败的原因进行说明。

（2）招标方案原则上采用招标方案范本编制。

（3）招标方案编制完成后，由承办部门/单位按照本部门/单位招标管理的相关规定履行审批程序，包括对采购方案的模板、分包形式、商务和技术条件、评分标准、专家成员抽取等进行审查，并对采购方案负责。

（4）属于应急抢修采购项目需求的，可在满足供货要求的情况下，先采用非招标采购方式确定供应商进行供货，后补应急物资申请单、采购申请及采购结果的请示呈批表。

（5）二类项目招标方案如完全按照集中招标采购策略编制，则由相应议事机构组长在系统中签审，承办部门需提供该方案按照采购策略编制的说明附在系统流程中。

（二）主要流程

招标方案确定流程如图4-1所示。

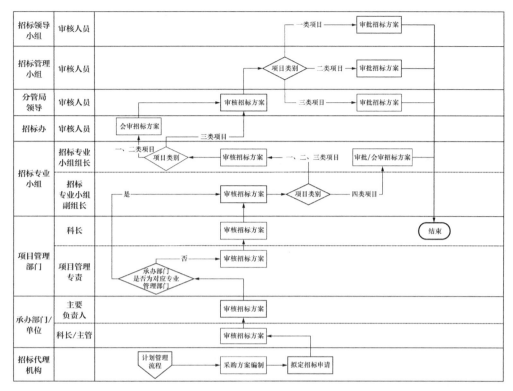

图 4-1 招标方案确定流程

三、实施生产项目招标采购要点

（一）招标管理要点

（1）招标可分为公开招标和邀请招标。原则上采用公开招标的方式进行招标。按照国家有关规定，有下列情形的，方可实行邀请招标：

1）项目技术复杂、有特殊要求或者受自然地域环境限制的，只有少数几家潜在投标人可供选择的；

2）采用公开招标方式的费用占项目合同金额的比例过大；

3）法律、法规规定不宜公开招标的。

（2）招标公告须在国家指定的中国采购与招标网和相关公司采购电子商务平台等媒体上发布。招标公告须载明招标人的名称、地址，招标项目的性质、数量和资金来源，实施地点和时间，获取招标文件或资格审查文件的地点、时间和费用，递交投标文件的地点和截止时间，以及对投标人的资格要求等。

（3）招标代理机构须根据批准的招标方案编制招标文件。招标文件须按照国家有关规定及公司有关规范、标准等相关要求进行编制。

（4）采取资格预审的，招标人须在资格预审文件中详细规定资格审查的标准和方法；采取资格后审的，招标人须在招标文件中详细规定资格审查的标准和方法。

（二）评标管理要点

（1）开标程序应当符合国家有关法律、法规、规章及公司有关规定，按招标文件规定的时间和地点进行开标。

（2）由采购项目承办部门/单位按照招标方案中的相关要求组建评标委员会。

（3）评标委员会按照招标文件确定的评标标准和方法对投标文件进行评审和比较。评标委员会完成评标后，向招标人提交书面评标报告，并按国家相关法律法规和招标文件的中标候选人推荐原则推荐合格的中标候选人。

（三）定标管理要点

（1）采购项目承办部门/单位按照本部门/单位招标管理的相关规定履行定标程序。

（2）定标须遵循以下原则：

1）符合国家法律、法规、规章及公司有关规定；

2）符合招标文件明确的中标推荐原则；

3）应在评标委员会的推荐意见范围内确定中标人。

第二节　生产项目采购管理实践

基于以上生产项目采购管理规定，结合规范高效（Efficiency）考虑，相关电网企业开展了采购管理的实践，取得了初步成效。

一、集约化采购管理

生产项目采购管理中，项目实施单位负责组织工程和服务类招标，以单位为例，全局招标项目超1000项。在该管理模式下，难以全面统筹工程和服务类招标，客观上存在各项目实施单位招标项目管理水平不一致、个别需求主体不合理个性主张、重复采购引起的效率低下、成本高昂等问题。

为增加采购活动的规范透明度，弱化各需求主体不合理个性主张，减少采购相关人员廉洁风险点等，各职能管理部门组织按专业将生产此类的工程和服务类招标项目整合管理。集中采购实施以来，招标项目总数明显降低，从2017年的1000余个，下降到2018年的214个，2021年进一步压缩到22个。2021年开展的集中招标，主要为2022～2023年生产一次项目类的施工框架招标，共22个招标项目，303个招标标段。该项措施有利于建立专业化、标准化采购作业流程和岗位人员约束激励机制，完善统一、公开、公平、公正的招标采购监督机制，防范廉政风险。

二、跨专业联合采购管理

某单位配电低压故障抢修项目与营销故障急修项目存在协同工作内容，涉及跨专业沟通问题导致客户体验不佳、工作量相对增加、承包商施工成本浪费等。

通过跨专业联合采购，以片区划分标包，中标单位将同时承接中标片区内低压驻点及营销故障急修两类项目，规范用户复电管理、一次性解决用户诉求、提升工作效率、发挥专业协同作用。

第五章

生产项目 5E 全过程管理中
均衡平稳的实施环节

第一节　生产项目实施管理规定
第二节　生产项目实施管理实践

第一节　生产项目实施管理规定

一、生产项目里程碑计划管理

(一) 管理要点

修理技改项目均应开展里程碑计划管理,按各项进度时间节点结合项目建设类别进行里程碑计划制定,其他类别项目按实际需求开展,不强制要求制定里程碑计划(表 5-1)。生产项目应加强进度管控,及时在信息系统完成确认,如实际进度与里程碑计划不符,及时完成调整,以确保项目实际形象进度、预算完成率与信息系统一致,其中应重点关注季节性、大型技改项目,务必保证在相关时间节点完成投产,保障电网安全可靠运行。

里程碑计划制定规则　　　　表 5-1

项目	时间节点		是否需要制定里程碑计划
修理技改项目	设计进度	设计招标	需要
		设计合同签订	
		初步设计完成	
		施工图完成	
	物资进度	物资申购完成	
		物资招标	
		物资合同签订	
		物资到货	
		现场具备收货条件、时间	
	施工进度	监理招标	
		监理合同签订	
		施工招标	
		施工合同签订	
		开工	
		竣工	
	结算进度	结算书送审	
		结算完成	
试验检验项目	—		不要求,可按实际需求开展
委托运行维护项目			
其他材料购置项目			

（二）主要流程

生产项目里程碑计划管理流程如图 5-1 所示。

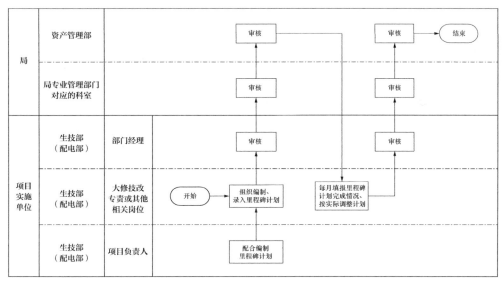

图 5-1　生产项目里程碑计划管理流程

二、生产项目安全管理

（一）管理要点

1. 管理安全

生产项目实施单位生产项目管理人员负责项目实施全过程安全管理，监控施工过程中质量、安全保障措施的有效落实，确保施工安全可控、在控。

2. 签订安全协议

凡是对外发包的生产项目，实施单位应与项目承包商签订安全协议，协议中明确各方安全责任及违约责任。

3. 使用视频监控

除设备日常巡视、事故紧急处理操作外，所有计划、临时和抢修作业均应纳入信息系统管控，其中，属于视频管控范畴的作业均应纳入智慧安监系统进行管控，并配足配齐可连接视频设备。如存在未按要求进行视频管控情形的外包项目施工作业，当天的工程量不纳入结算。

4. 预控安全风险

承包商进入施工现场，设备维护部门和承包商都应严格遵守公司对承包商作业安全管理的相关规定，做好安全风险预控。

5. 处置事故事件

生产项目承包商在作业过程中，发生电力事故（事件）后，必须按以下要求做好有关事宜：

（1）必须迅速抢救事故受伤人员和进行事故（事件）应急处理，采取措施制止事故（事件）蔓延扩大，并派专人严格保护事故（事件）现场。未经调查和记录的事故（事件）现场，不得任意变动。

（2）法人代表或委托人应在 3h 内到达事故（事件）现场，并成立本单位事故（事件）调查组，开展有关事故（事件）调查分析工作。

（3）在组织事故处理或抢救的同时，除了按政府有关规定进行事故信息的报送外，应在 0.5h 内口头报告实施单位。

（二）主要流程

生产项目安全管理流程见图 5-2。

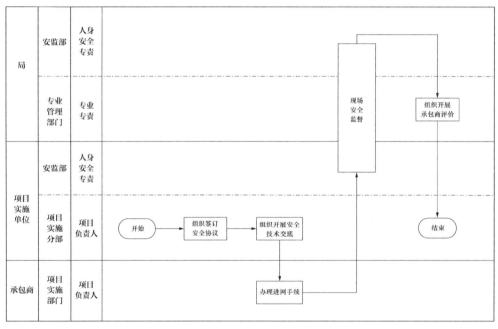

图 5-2　生产项目安全管理流程

三、生产项目物资管理

（一）管理要点

1. 明确甲供材料列支要求

日常修理项目使用的甲供材料可在对应的项目中列支，应急抢修项目中使用的甲供物资应在对应的项目中列支，不在生产耗材项目列支。

2. 甲供材料供应管理

日常修理项目使用的甲供材料优先使用各项目建设单位急救包储备物资，如急救包储备物资无法满足现场使用需求，在工期满足的情况下，优先使用生产耗材项目在电子商城、框架物资中进行申购或进行专项采购；在物资供货周期不满足工期的情况下，由承包商提出申请，经第三方造价公司审核、生产项目实施单位同意后可转乙供。

3. 领用材料

生产技改修理项目甲供材料领用管理，首先必须在生产项目管理系统（APP）中录入领用计划，经实施单位审批后，完成实物领用；施工单位根据实施情况，将甲供材料的实际用量回填到生产项目管理系统（APP），实施单位（监理）在工程量签证审核时，重点核实差异量。具体流程如图5-3所示。

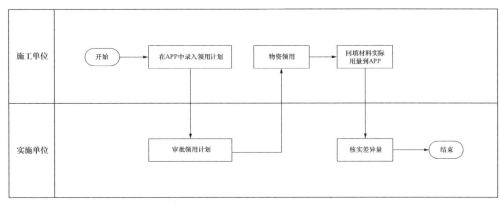

图 5-3　物资领用管理流程

4. 处置闲置、报废物资

项目闲置、报废物资处置按照公司逆向物资相关管理办法执行。生产项目实施单位应当根据指引全面、足额回收退役物资、工程余料、工程结余物资等逆向物资。项目竣工投产后15个工作日内，生产项目实施单位完成全部逆向物资鉴定，填写闲置／报废物资鉴定申请表，编制逆向物资回收清单，填写闲置／报废物资清册，办理入库登记和申请手续；承包商协助生产项目实施单位完成逆向物资运输等工作。

（二）主要流程

生产项目物资管理流程如图5-4所示。

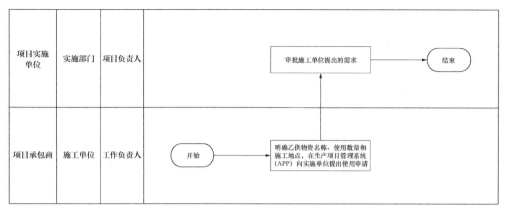

图 5-4　生产项目物资管理流程

四、生产项目现场监督管理

（一）管理要点

现场监督管理各个环节主要负责人及其职责见表 5-2。

现场监督管理负责人及其职责　　　　　表 5-2

环节	负责人	职责
监督现场	实施单位的项目负责人（工作票许可人或监理人员或实施单位的安监部人员）	按照风险等级对作业过程进行旁站、到场、动态监督，检查安全技术措施落实执行情况及施工现场安全情况，落实相关安全管控作业标准，控制各类风险，避免人身、电网、设备事故的发生
管控现场	项目现场管理安全第一责任人	重点监督现场作业人员刚性执行"十个规定动作"，尤其应加强对登杆作业、邻近带电体等作业的安全监督，严禁不办理工作票，严禁超出工作票上所列工作范围和任务，对监督中发现的违章行为及时制止，并充分运用承包商违章扣分手段严肃处理，确保施工现场风险管控措施落实到位
终结工作	项目现场管理安全第一责任人	督促承包商工作负责人（监护人）或承包商工作分组负责人、工作分组负责人（监护人）清点作业人数、接地线、安全工器具的数量，确保现场作业人员离场、安全措施拆除后，方可办理工作终结

（二）主要流程

生产项目现场监督管理流程如图 5-5 所示。

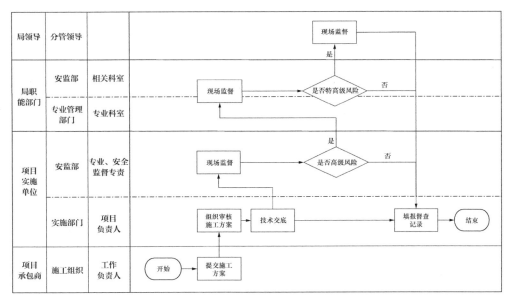

图 5-5　生产项目现场监督管理流程

五、生产项目施工质量管理

（一）管理要点

1. 会审图纸

开工前项目实施单位应组织设计、施工、监理（如有）等单位对生产技改项目、大修项目施工图纸进行会审。

2. 审批施工方案

施工方案必须经项目实施单位生产项目管理人员审批，如有监理单位的项目必须经监理单位和项目实施单位共同审批，施工承包单位应严格按照已审批的施工方案组织施工，不得随意更改施工措施。

3. 审批资质

开工前，施工特殊工种作业人员、主要测量计量器具、主要施工机械工器具安全用具应经项目实施单位、监理单位（如有）审批。待安装设备拟进场使用前在经项目实施单位、监理单位审批同意后方可进场使用。

4. 管理隐蔽工程

对于隐蔽工程、部分关键工序，项目实施单位（监理）须填写隐蔽／中间工程验收表，经验收合格后方可进入下一道工序施工。

5. 管控过程质量

按照进度服从质量的原则，加强过程质量控制。

6. 管理支付计划

项目实施单位生产项目管理人员必须及时掌握工程进度、设计签证或变更、用款申请、工程安全、质量等信息，应分析和监控项目预算和进度计划执行情况，严格按合同约定支付进度款，资金支付进度应与实施进度相符。项目建设单位负责监督项目施工单位及时足额支付进城务工人员工资（若有）。

（二）主要流程

生产项目施工质量管理流程如图 5-6 所示。

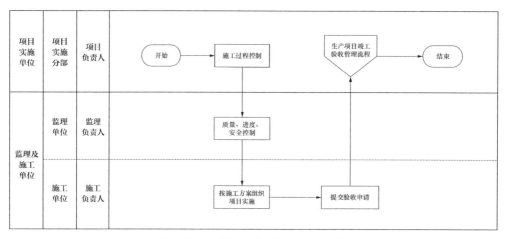

图 5-6　生产项目施工质量管理流程

六、生产项目变更管理

（一）基本概念

项目变更是指项目实施过程中，存在项目名称、实施内容、完成日期、资金变更等发生变化且需要调整时，由实施单位在系统提交变更申请，上报项目管理部门审查审批。

（二）管理要点

1. 填报生产项目变更申请表

在项目实施过程中若因设计、承包商及其他原因引起项目技术、合同约定施工条件、工程量改变，承包商相关负责人需要填报生产项目变更申请表，上报申请项目变更。

2. 审批生产项目设计变更

生产项目设计变更遵循"先审批，后执行"的原则，设计变更应当有正式的设计变更联系表及设计变更通知单，说明变更原因，并履行审批程序。

3. 审批项目变更

项目实施单位生产项目管理人员结合实施过程中遇到的实际情况，在项目管理系统提出项目变更申请，包括变更项目名称、变更实施内容、变更完成日期、其他变更、资金变更（年度预算变更和费用分解结构变更）等，经项目管理部门审批。

4. 调整项目信息

生产项目管理过程中如项目名称、完成期限（调整为跨年度）等发生变化确需调整时，经企业资产管理部审查同意后，在年中计划或下一年度计划中调整。如发生其他项目变化依据项目类别交不同部门审批，详见表 5-3。

项目信息调整审批　　　　　　　　　　　表 5-3

项目变化内容	项目类别	审批部门
项目名称、完成期限（调整为跨年度）变更	—	企业资产管理部
项目实施内容变更或项目取消	A 类项目	上级单位资产管理部
	B 类项目	企业资产管理部
项目总投资增加少于 5% 且超出少于 10 万元以下的	A 类项目	项目实施单位
	B 类项目	
项目总投资增加大于（含）5% 或 10 万元的	A 类项目	上级单位资产管理部
	B 类项目	企业资产管理部

（三）主要流程

生产项目变更管理流程如图 5-7 所示。

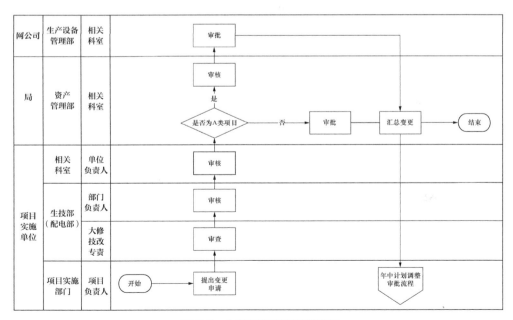

图 5-7　生产项目变更管理流程

七、生产项目工程监理管理

1. 明确监理单位标准

建筑安装工程费用超过 100 万元（不含 100 万元）或工程内容涵盖土建施工的修理技改项目必须实行项目监理，其余项目可参照公司生产修理技改项目监理委托单位相关管理办法安排。

2. 明确监理要求

（1）监理职责

1）审查施工图。监理单位监理人员应按照生产项目实施单位的委托负责组织施工图审查，并形成施工图审查意见，抄送实施单位项目负责人、施工单位和设计单位。

2）全方位把控工程施工。监理单位监理人员应做好工程施工的安全、质量、进度、投资控制，合同和信息管理，资料移交以及现场协调工作。

3）履行现场旁站监督职责。监理单位监理人员应对关键部位、关键工序按规定进行旁站监督，检查安全技术措施落实执行情况及施工现场安全情况，落实相关安全管控作业标准，控制各类风险，避免人身、电网、设备事故的发生。对当天作业内容涉及土建或隐蔽施工的项目，监理必须履行现场旁站监督职责，并对当天的工程量进行现场核实、确认。

（2）渎职处罚

1）对监理单位必须履行现场旁站监督职责的项目，如监理单位监理人员未能按要求完成现场旁站监督，实施单位应当做好记录，在监理费结算时经双方确认后，执行合同约定，每单扣罚监理费的 1%。

2）对审计发现问题，如项目实施单位生产项目管理人员评估存在监理单位责任，经监理单位确认后，在监理费结算时执行合同约定，每单扣罚监理费的 1%。

3）对有委托监理的修理技改项目，监理单位应按实施单位要求提供监理规划细则、监理交底、监理日志、监理月报（如工期超过 6 个月）、监理总结、监理工作联系单、旁站记录（如有）、会议纪要（如有）、总监理工程师变更申请表（如有变更）作为项目监理费结算的支撑材料，如因结算支撑材料缺失，导致实施单位结算进度滞后，实施单位可执行合同约定，扣罚监理费的 5%。

八、生产项目试运行及工程移交

（一）管理要点

1. 开展试运行

生产技改项目启动投产后应进行试运行，无规定试运行时间的进行 24h 试运行。对试运行中暴露出的问题应组织项目施工单位整改消缺，并进行验收。

2. 办理竣工资料移交

生产项目实施单位生产项目管理人员应及时办理竣工资料移交手续，做好项目竣工资料的归档管理，保证项目资料的完整性。

（二）主要流程

生产项目试运行及工程移交流程见图 5-8。

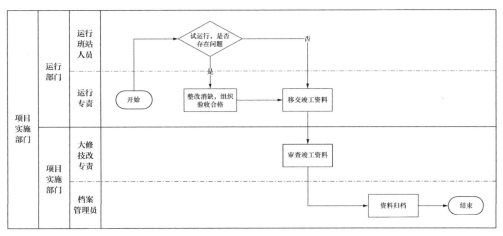

图 5-8　生产项目试运行及工程移交流程

九、生产项目文件电子化移交管理

（一）基本概念

相关术语及定义见表 5-4。

相关术语及定义　　　　表 5-4

术语	定义
生产项目文件	生产项目在立项、审批、采购、勘察、设计、施工、监理、竣工验收、试运行、后评价全过程中形成的文字、图表、声像等形式的全部文件。包括项目前期文件、项目竣工文件和项目竣工验收文件等
生产项目档案	经过鉴定、整理并归档的生产项目文件

续表

术语	定义
项目文件归档	项目实施单位的实施部门及承包商将项目各阶段形成并经过整理的项目文件向项目实施单位档案部门移交
项目电子文件	在生产项目实施过程中形成的，依赖计算机等电子设备生成、交换或存储的具有凭证效力的各类数据和文件，包括项目前期文件、项目施工文件、项目监理文件、项目竣工图、项目竣工验收文件、厂家设备资料等在内的各类项目文件电子版
项目电子文件归档	生产项目实施单位各部门及各承包商通过内网、档案信息化系统或其他脱机存储介质向实施单位档案部门移交经整理的项目电子文件
生产项目文件电子化移交	包含生产项目电子文件和设备信息两部分内容。其中，生产项目电子文件部分采用光盘（USB闪存盘）移交的方式，由生产项目管理部门移交给运行部门；设备信息部分由生产项目管理部门通过信息化系统流程在企业级资产管理系统中创建设备台账，维护设备信息
生产项目文件电子化移交单	设备信息部分在信息系统中移交的过程记录，由承包商创建，至运行部门验收结束

（二）管理要点

电子化移交由设备信息和生产项目电子文件两部分组成。设备信息的电子化移交工作必须在项目验收投产前完成，设备参数与设备台账必须与现场实物一致。生产项目电子文件与纸质资料同时移交。

（三）主要流程

生产项目文件电子化移交流程如图 5-9 所示。

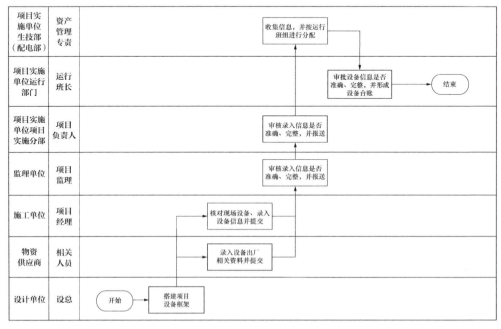

图 5-9　生产项目文件电子化移交流程

第二节　生产项目实施管理实践

基于以上生产项目实施管理规定，结合平稳均衡（Equilibrium）考虑，相关电网企业开展了实施管理的实践，取得了初步成效。

一、项目的均衡化实施

（一）工作思路

为贯彻安全生产风险管理体系和资产全生命周期管理体系的核心思想，落实防御电网风险、设备风险、人身风险、网络安全风险、涉电公共安全风险的各项要求，以生产计划管理为抓手，在策划、推进、协同环节下功夫，大力推动生产计划各环节工作高效开展，实现由基层班组承接的生产项目均衡化工作，实现项目验收任务均衡、把关到位，避免扎堆验收、验收不到位造成设备质量、施工质量不达标及工程量不准确情况发生，确保项目保质保量完成（图5-10）。

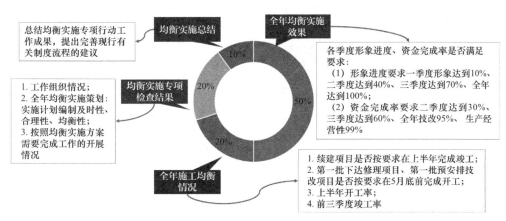

图5-10　均衡实施过程考核构成

（二）提升措施

1. 生产项目策划

根据生产项目重点投入策略，结合生产实际需要开展生产项目策划，按照问题导向、目标导向完成生产修理技改项目入库，确保应入库尽入库，需出库可出库。项目可研阶段应考虑技术性、经济性之外项目实施的必要条件，包括报建、青赔、停电转电等因素，实现项目零变更。

定期梳理在库项目及已出库项目，需要补充出库且符合条件的按应急项目出库。涉及同一设备的不同专业改造工作应同期出库、同期实施，同一年度内同一线路、同一间隔应安排在同一停电窗口实施，实现重复计划停电率为零；涉及不同班站项目应均衡安排,避免个别班站工作量过于饱和。生产项目整合立项示例如图 5-11 所示。

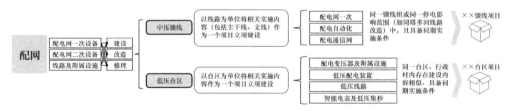

图 5-11 生产项目整合立项示例

2. 生产项目安排

按照实施目标时间踩准节奏,计划在本年度度夏前实施的项目(春季项目)应确保在上一年年中调整安排出库,计划在本年度年底实施的项目(冬季项目)应确保在年初下达安排出库。生产项目均衡实施策略示例如图 5-12 所示。

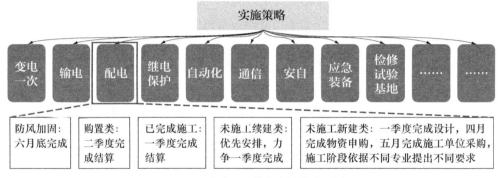

图 5-12 生产项目均衡实施策略示例

项目管理单位应及时做好项目前期勘查工作,与设计单位提前做好协同,确保设计需求明确、进度可控、设计施工勘查到位,避免因设计深度不足、图实不符、条件不符等情况影响项目实施。组织编制本单位各项生产项目工作计划,并全力推动落实项目实施的各环节要素,实现里程碑计划准确率 100%。

3. 生产项目实施

项目管理单位提前协调落实停电计划,重点注意电网负荷特性、季节特点、保电需求重要用户等方面,掌握规律,协商安排停电窗口。全面梳理落实物资需求及相应的技术规范书,加强需求整合管控。生产均衡计划完工日期分布见图 5-13。

与施工单位共同研究施工方案,尽可能降低电网风险,优化工期,施工工期应按照实施程序合理、详细计算,不得笼统"拍脑袋";施工勘察应全面、准确,为停电计划有效安排创造条件。生产均衡计划完成情况见图 5-14。

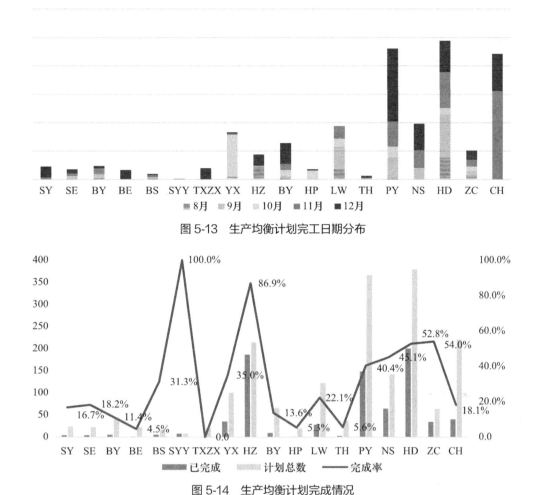

图 5-13 生产均衡计划完工日期分布

图 5-14 生产均衡计划完成情况

项目验收及工程量签证工作应结合项目实施开展，全面推广应用生产项目管理 APP，开展中间验收、隐蔽工程验收等，避免集中验收、事后验收，造成工程量签证不准确以及结算、增资延后。

二、作业计划与风险管控

（一）工作思路

为进一步完善生产现场作业风险管控体系，系统性管控生产现场作业风险，统筹配置资源，建立与生产现场作业风险等级相匹配的风险管控策略，推进生产现场作业风险立体化、源头化、透明化管控，避免生产现场作业风险仅由一线班组管控，实现作业风险立体防控、联防联控。主要包括生产现场作业计划策划、作业风险评估、安全风险管控等业务事项。通过应用"线上+线下"方式，综合管理人身风险、电网风险、设备风险管控措施的落实情况,确保安全风险管控措施落地,实现安全生产风险可控、在控。

（二）问题分析

作业全过程的风险管控是全世界各类企业共同面对的难题。践行"人民至上、生命至上",打造本质安全型企业,必须啃下这一"硬骨头"。作业失控极易导致人身、电网、设备等事故事件。电网企业作业管控的现状如下：一是生产作业计划多,风险点多面广,高峰时段作业人员数量庞大、管控难;二是管理平,层级多、业务链条长、横向协同不足、纵向穿透不足;三是历史事故痛、外部事故痛、惊险镜头时有、严重违章未杜绝;四是重点项目多、重要设备多、重要用户多、重要保供电多。综合以上,电网企业作业管控的"难""平""痛""重"特征突出。主要表现在以下六个方面：作业计划统一管控难、作业风险"评得准"难、作业现场"管到位"难、作业监督"有效督"难、机制支撑和闭环管控方面难、信息化支撑难。

（三）提升措施

电网企业结合实际开展专题研究,积极探索"1＋N"现场作业风险管控机制落地提升,建立进度管控和成果检验等多项机制,围绕作业全流程六大环节、六个维度开展推演、归纳。聚焦"统一计划难""评得准难""管到位难""有效监督难""外包队伍管控难""信息化支撑难"六个难开展攻坚,针对性地提出了17项提升举措,其中强化现场管控9项,优化8项举措。构建形成了"六位一体"（作业全过程管控六个到位＋目标指标一体化监控）的"1＋N"现场作业风险管控格局（图5-15）。

图5-15 现场作业风险管控路径

六位一体的内涵：主要包括计划联动到位、现场立体到位、监督精准到位、平台支撑到位、机制保障到位、人员思想到位,目标指标一体监控。通过固化机制、修编指引、优化管控、强化落地,以"联动、立体、高效"的本地化

"1＋N"作业管控机制攻坚作业"难、平、痛"问题。

1. 作业联动到位的相关举措

一是建立三险联动分析与协同管控机制。对电网、设备、人身三类风险的关联通盘考虑与统筹安排,当电网等某种风险发生变化的时候,相关的计划及时灵活调整,运用"三险联动模型",开展流程化、标准化分析(图 5-16)。二是疏堵结合管住临时计划。将"堵截"转为"疏通",通过分析挖掘设备缺陷、消缺记录、设备检修、状态评价、工作票、工器具、车辆等系统数据以及对比不同区域的历史作业信息,提前发现可能存在的计划缺报、少报、漏报,让员工愿意报、容易报、熟悉怎么报(图 5-17)。三是编制生产任务库、生产计划编制指引和生产类典型作业工期库,规范计划编制和典型工期。四是本地化完善场景式风险评估标准。结合实际持续完善场景式风险 A、B、C 值。

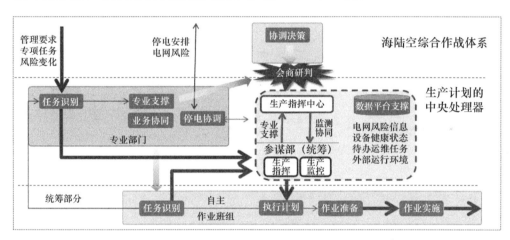

图 5-16 三险联动机制

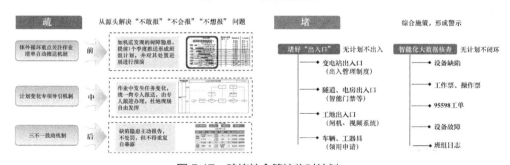

图 5-17 疏堵结合管控临时计划

2. 现场立体到位举措

一是建立重要任务开工前"全员风险评估"机制(图 5-18)。聚焦《关键任务清单》,开工前项目负责人带领全体工作人员熟悉现场、设备,讲清楚现场风险与安全措施,有效防范交底本本主义,两张皮工作票安全措施遗漏、资质造假、无实际能力等问题，切实管住现场。二是建立关键风险前开展"两分钟思考法"。在关键风险环节前，操作者、监护人同时开展"两分钟思考法"，将失误可能导致的后果互相进行提醒，闭环风险失控。三是建立层层"安全考问机制"，解决现场安全责任层层衰减的问题。四是建立"安全我来跟"等常态化机制，每一项工作都有人负责，有人跟进，同开工、同收工。五是建立规范高效的生产作业变化管控机制，明确不同专业的典型变化风险库，明确上报范围、流程、责任，无法处理的就上报，明确报告人只负责吹哨预警，具有决策权的专人负责跟进处置，实现现场变化的高效管控（图5-19）。

聚焦清单	看一看	逐一问、逐一答

➢《关键任务清单》
➢ 重要变电站检修
➢ 变电站内吊装……
	➢ 熟悉现场、设备
	➢ 所有作业人员，针对自己的任务
	➢ 审视安全措施
		➢ 结合风险考问
		  会不会高坠？会不会触电？
		  会不会走错间隔？……
		➢ 评审开工条件

关键任务清单	 强化直观印象	 强化入心入脑

图 5-18　全员风险评估机制

序号	分类	细分种类	级别	变化描述	风险描述	控制措施	责任部门、班站	配合部门	备注
1	生产条件	人员（岗位调整）	Ⅱ级	新员工入职	新员工好奇心较强，对各项规章制度不熟，安全意识和能力不强，易误动设备	1. 首先进行安全教育，通过一些事故案例的讲解树立新员工安全意识 2. 对新入职员工工作开展任务观察和指导 3. 关心新员工在生活、工作方面遇到的问题 4. 密切关注新员工的思想动向 5. 建立师徒合同，指定专人进行一对一培养	各专业部门	综合部	公共部分
2	生产条件	人员（岗位调整）	Ⅲ级	人员生理、心理、精神状态变化	人员心理、精神状态不佳时参与现场工作，直接影响生产安全	1. 部门主管、班长、站长、安全区代表利用出工前时间对全班人员的心理、精神状态进行评估（特别关注节假后、家庭变故后、长时间连续工作后的状态），根据评估情况及时调整当日人员分工 2. 持续跟踪人员状态，如长时间操作或者参与现场工作导致人员精神状态不佳时，要及时加强监护或者作出人员调整 3. 必要时上报工会，工会组织对相关员工进行心理辅导	各班站		
3	生产条件	人员（岗位调整）	Ⅲ级	工作组人员变动	1. 工作交接不到位造成的业务不熟悉 2. 不及时告知有关人员变更及其职责权限将造成管理和责任的不明确	1. 班长、站长根据工作实际需求和人员状态对工作组成员进行调整 2. 班长、站长与调整的工作负责人对当天工作进行风险分析 3. 工作负责人对调整的工作组成员进行安全交代，明确工作组各成员分工	各班站		

图 5-19　安全生产变化库

3. 监督精准到位举措

建立作业关键工序精准管控机制。针对部分生产作业工序多、时间长、风险管控不精准现状和问题，充分分析了"1＋N"机制的到位管控要求，进一步明确了关键厂站、关键工序的定义、管控原则和管控要点。将中高风险作业细化，找出中高风险步骤，明确关键工序，并分别从"计划制定、作业文件、作业准备、作业报备、生产指挥中心支撑、关键工序到位、信息化支撑"7方面明确关键工序具体的管控要求（图5-20）。

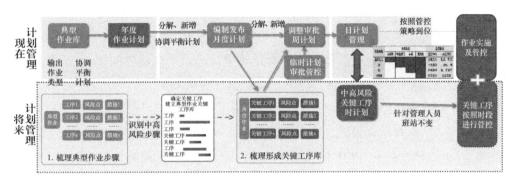

图 5-20　关键工序流程

4. 平台支撑到位举措

为了更好地做好作业风险管控，按照"三中心合一"的思路，把作业风险中心纳入生产指挥中心，充分发挥平台支撑、信息统筹、专业协同、数据分析"四大优势"，当好管理人员的参谋助手，发挥好信息汇总协同作用。具体就是作业前，"管策划"；作业中，"管到位"；作业后，"管提升"，由生产指挥中心开展作业全过程的统筹与监控（图5-21）。

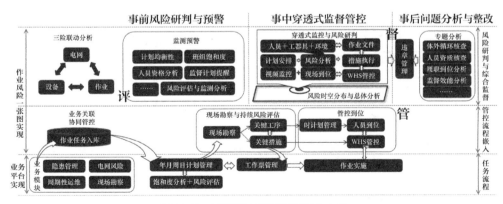

图 5-21　事前事中事后信息平台支撑

5. 机制保障到位举措

一是梳理了承包商在能力、素质、安全意识等方面存在的不足，将"全员风险评估、两分钟思考、现场考问、安全我来跟"等方法融入承包商管理的全流程,强化承包商等同管理。二是建立生产域效能检讨机制,发布了生产域效能检讨机制,促进发现问题、分析问题、解决问题。三是大力推进科技安保,降低人员作业风险,应用无人机、隧道机器人、激光大炮、高空作业车、两栖机器人、带电作业组合工器具,可弯折高压接地棒、杆塔高空悬挂救援装置大幅降低高空作业、有限空间作业、砍树作业等风险,用科技有效化解人身安全风险。

6. 人员思想到位举措

人是生产过程的核心,也是最难控的要素。因此,我们在制定各项举措时,充分考虑了每个人可能存在的走捷径、搞变通等情况,管住人性的弱点,释放人性的优点(图5-22)。一是聚集安全文化建设,通过"现场考问机制"、效能检讨机制、"三不一鼓励"机制,构建主动暴露、分析问题、解决问题的"安全文化",为安全生产工作提供有力支撑。二是做好安全意识习惯培养,通过"体验式+体感式"保命培训模式、十大风险手册、安全教育体验室等多种形式促进一线员工树牢风险意识、提升生产班组安全学习实效。开工前全员风险评估、两分钟思考法、安全我来跟促使员工关注细节,培养"严细实"的"安全习惯"。三是强化安全技能提升,建立检修作业"柔性团队",强化员工技能培养,回归"专业+安全"主业,开展"主业+大集体企业"联合培养等,推动一岗多能人才培养。四是大力提升管理层的安全管控力,通过管理流程化、模块化、清单化,方便管理人员精准开展管控监督,管理者更好地把重心放在现场,到现场了解督什么、管什么,结合履职清单,亲力亲为,做到安全管理。

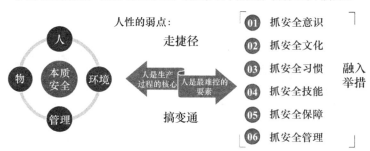

图 5-22 人本安全管控

三、过程监控机制

(一)建设背景

生产项目协同监控主要面临以下问题:

（1）生产项目关键态势感知不足：缺乏对生产项目关键指标（预算、投资、在建工程余额等）、整体实施进度敏捷感知，难以实时掌握项目指标进展、进度情况，及时发现问题、解决问题。

（2）缺乏项目全过程可视化监控：项目关键环节未贯通，数据可读性较差，可视化支撑不足，项目管理人员难以高效准确把握项目全过程节点进度情况。

（3）项目视角的专题监控未常态开展：对物资、结算转资等跨专业、跨部门的关键环节协同监控支撑力度不足。

（二）功能定位

开发生产项目驾驶舱、协同监控、专题监控等功能，作为项目实施过程管控的信息化管理工具，主要包含项目指标、节点监控预警等功能：

（1）生产项目驾驶舱（图 5-23、图 5-24）：通过对生产项目全过程节点进行监控，统计各节点预警情况。

驾驶舱汇聚了生产项目关联的关键指标，如投资完成率、预算完成率、转固完成率等，指标支持穿透至单位、项目等维度，支持多维度分析和预警。以地图形式展示项目概况，可直观感知主配网单位生产项目总体情况及具体明细。驾驶舱还展示了生产项目过程评价，清晰掌握各单位生产项目综合表现，以及重点项目和应急抢修项目情况，其中重点项目支持个性化"打标签"维护，服务不同层级、不同角色人员及时掌握所关注的项目进展。驾驶舱还滚动更新生产项目异常预警，便于各单位关注和闭环处理。

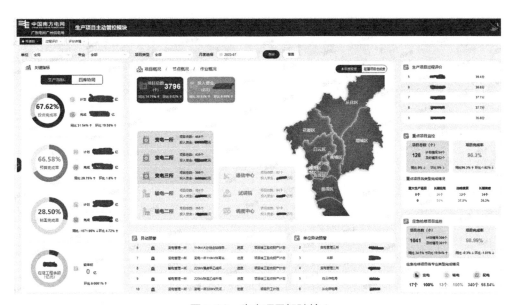

图 5-23　生产项目驾驶舱 1

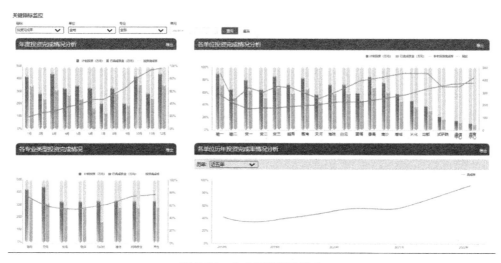

图 5-24　生产项目驾驶舱 2

（2）全过程协同监控（图 5-25～图 5-27）：对监控指标进行分类处理，掌握进度、成本、合规、安全四大类型指标预警情况。

其中进度部分，如"里程碑计划更新预警"，通过提取物资、合同、施工作业计划等各模块信息，供生产项目管理人员参考更新里程碑进度。如合规维度，"四虚"专项内容，通过联动造价送审数据，核查项目是否存在未投产先结算等"虚假结算"问题，并发出预警。协同监控的预警内容都会统一纳入异动闭环管控机制中运作，重在做好事前引导和事中纠偏。

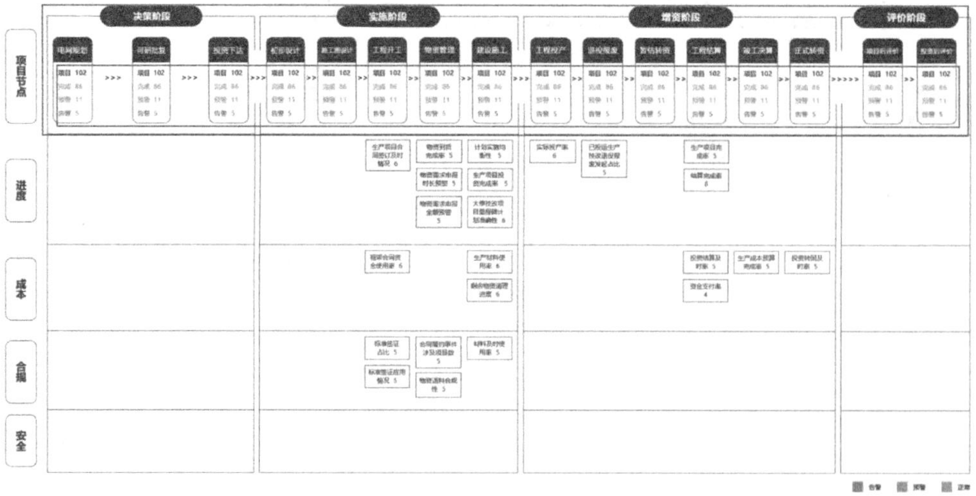

图 5-25　项目阶段功能页

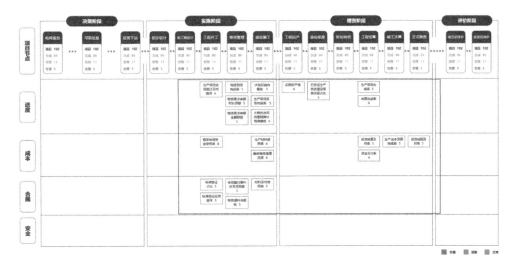

图 5-26　协同监控功能页

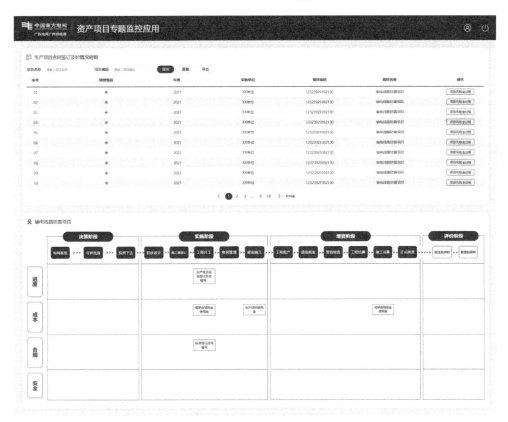

图 5-27　指标监控穿透功能页

（3）专题监控：实现对重点项目、物资监控、应急抢修项目、结算转资、生产签证等专题的深化分析，全面辅助生产投资及决策。

1）重点项目专题（图 5-28）：实现对生产技改及生产修理项目等重点项目

进行维护、监控及预警。

图 5-28 重点项目专题功能页

2）物资监控专题（图 5-29）：以项目物资视角，从物资的需求申报、招标采购、合同签订、物资到货、物资领料和余料退库等关键环节进行监控、分析，实现项目物资供应链环节的全过程状态跟踪。

图 5-29 物资监控专题功能页

3）应急抢修项目专题（图 5-30）：对应急项目的预立项—实施—物资领料—竣工结算全流程节点进行实时监控，重点针对抢修项目总体耗时、抢修项目立项情况（抢修发生后未及时履行立项审批、抢修立项审批后长期未开工）、抢修实施工期、物资领料情况和结算情况等关键业务节点开展监控、分析。

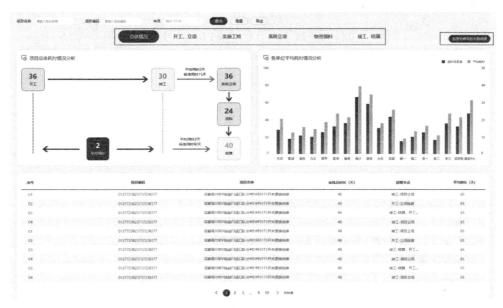

图 5-30　应急抢修项目专题功能页

4）结算转资专题（图 5-31）：基于主网生产技改、生产修理项目，展示结算转资指标监控、流程监控及预警监控情况。

图 5-31　结算转资专题功能页

5）生产签证专题（图5-32）：融合PC端业务系统、生产项目APP等多源数据，对生产技改及生产修理项目的签证、审批耗时等进行深度分析，并结合预算完成率、转固完成率、在建工程余额等多个重点指标，对单位进行月度及年度评分。

图 5-32　生产签证专题功能页

（三）应用模块

1. 项目全过程节点监控

展示生产项目全过程中，各阶段项目总数、预警、告警情况，其中，项目全过程包含：电网规划、可研批复、投资下达、初步设计、施工图设计、工程开工、物资管理、建设施工、工程投产、退役报废、暂估转资、工程结算、竣工决算、正式转资、项目后评价、投资后评价。

2. 指标监控

（1）展示生产项目全过程中，进度、成本、合规、安全四大类型指标的预警监控情况（表5-5）。

预警监控情况表　　　　　　　　　　表5-5

指标名称	描述
合同签订及时情况	展示生产项目合同签订不及时的红色预警项目数
投资完成率	展示生产项目的投资完成率所有项目数
大修技改项目里程碑计划准确性	展示生产项目大修技改项目里程碑计划红色预警项目数
实际投产率	展示生产项目实际投产率所有项目数

续表

指标名称	描述
结算完成率	展示生产项目结算完成率红色预警项目数
生产材料使用率	展示生产项目生产材料使用率未达标的项目数
结算及时率	展示生产项目结算及时率未达标项目数
四虚专项	展示生产项目四虚专项未达标项目数
生产成本预算完成率	展示生产项目生产成本预算完成率未达标的项目数
投资转固及时率	展示生产项目投资转固及时率未达标的项目数
资金支付率	展示生产技改项目资金支付率未达标项目数
物资到货及时率	展示生产及修理项目物资到货及时率红色预警项目数
物资需求申报时长预警	展示生产及修理项目物资需求申报时长超时项目数
物资需求申报金额预警	展示生产及修理项目物资需求申报金额预警的项目数
已签订合同金额与概算金额	展示物资签订合同金额以及对应的概算金额
物资采购流标涉及项目数	展示生产及修理项目物资采购流标涉及的项目数
已签订合同与物资条数	展示生产及修理项目已签订合同项目数、物资总条数
合同履约事件涉及项目数	展示合同履约事件涉及项目数
物资退料合规性	展示生产及修理项目已完成结算的项目仍发生退料的项目数
物资到货未签订合同项目数	展示生产及修理项目物资到货未签订合同项目数
物资领料及时性	展示生产及修理项目已投产的项目仍发生领料的项目数
里程碑计划更新	展示项目各节点时间情况，包含节点：物资合同签订、物资招标时间、施工合同签订时间、物资到货时间、项目开工参考时间、竣工验收参考时间、结算书送审与结算时间
生产违章	展示违章项目数；明细展示字段
生产违章-督查专业违章占比情况	按照督查专业维度，统计近两年的违章条数及占比情况
生产违章-年度各单位查处违章问题情况	展示年度各单位查处违章问题情况
生产违章-生产项目A、B、C、D类违章问题分布	展示生产项目A、B、C、D类违章问题分布情况
生产违章-年度各月违章分布	展示年度各月违章分布情况
生产违章-外单位违章发生率排名	展示外单位违章发生率排名情况

（2）展示进度、成本、合规、安全四大类型指标的穿透预警明细监控情况，并实现单项目全过程节点指标预警。

四、日常修理项目实施管理APP

（一）建设背景

生产项目实施过程管理主要面临以下问题：

（1）侧重结果管理：缺乏对生产项目管理的现场过程管控的支撑，施工现场管理信息化程度较低，难以实时掌握施工现场工作动态，难以及时发现问题、解决问题。

（2）项目多人员少：管理人员需要具备较好的理论基础、丰富的管理经验，项目管理技术门槛高；班组人员无法对项目施工签证进行有效把关。

（3）项目施工管理实时性低：资产管理系统对于人员签到、工程量签证、进度、质量等方面的管理难以实现实时统计、实时查看、实时追踪。

（4）缺乏监控可视化：签证单均为纸质，数据可读性较差，缺乏可视化支撑，项目管理人员难以快速准确把握关键信息。

（5）工程量签证不规范：工程量签证由现场施工人员填报，经常漏填、错填、填写不规范，验收核实困难且有一定的篡改风险，存在审计风险。

（二）功能定位

开发应用日常修理项目实施管理 APP，作为项目实施过程管控的信息化管理工具，主要包含生产项目工单任务管理、签证审批和汇总管理、签证可视化、生产项目任务追溯等功能。

（1）生产项目工单任务管理（图 5-33）：日常修理项目线上任务派单，由生产项目负责人通过移动应用将工单下达至承包商项目经理，再由项目经理将任务计划分发至施工现场负责人。

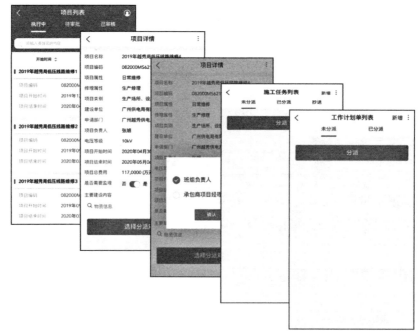

图 5-33　生产项目工单任务管理功能页面

（2）实现签证可视化（图5-34）：将现场施工工程量、施工前后对比、工作人员列队、大型机具使用、特殊工种资质等拍照上传，提升签证准确性，便于工程量追溯，有效降低虚报工程量风险。

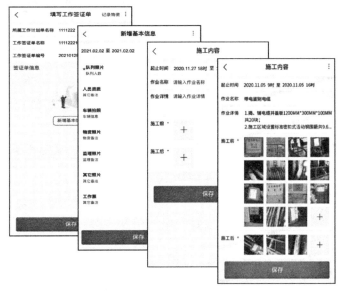

图5-34　签证可视化功能页面

（3）签证流程线上化：实现项目工程量日签，将签证全部流程由线下优化转移，在移动终端即可完成签证单各层级审核（图5-35）；已审批通过的签证单可以随时进行批量汇总，选择的签证单可以自动生成汇总签证单（图5-36）。

（4）现场施工作业与缺陷管理、工作票管理联动，提升设备全生命周期成本归集数据统计质量。

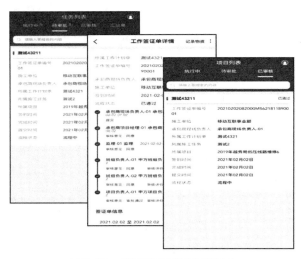

图5-35　签证审批管理功能页面

图 5-36 签证汇总功能页面

（三）应用模块

日常修理项目实施管理 APP 主要模块如图 5-37 所示。

图 5-37 日常修理项目实施管理 APP 主要模块

第六章

生产项目 5E 全过程管理中准确及时的结算环节

第一节　生产项目结算管理规定
第二节　生产项目结算管理实践

第一节　生产项目结算管理规定

一、生产项目结(决)算

(一)管理要点

1. 开展结(决)算

生产项目竣工验收合格后，方可开展生产项目结(决)算工作，竣工结(决)算资料(包括签证单、竣工图等)必须与现场一致。原则上生产项目结(决)算在项目投产移交后两个月内报审。

2. 明确结(决)算条件

项目结(决)算条件为：项目通过验收、所有的付款都已完成(质保金除外)、所有的变更单据都已经审批完成，由项目负责人(或委托项目助理)对项目的资料进行归档。生产项目结(决)算按照上级单位和企业工程财务管理有关规定执行。

(二)主要流程

生产项目结(决)算流程见图6-1。

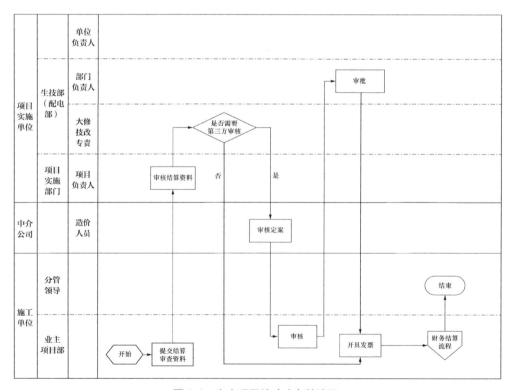

图6-1　生产项目结(决)算流程

二、生产项目资金管理

（一）管理要点

1. 编制付款计划

项目负责人依据管辖范围内项目的进展情况，以及各承建单位提供的发票信息，编制下月的付款计划，具体按公司资金计划相关管理规定执行。

2. 申请付款

项目实施单位生产项目管理人员选择需要支付的合同，填写付款申请金额，将支付申请单上报分级审批后，财务部门依据合同，按照支付申请金额支付款项，具体按公司资金付款相关管理规定执行。

3. 管控支付进度

各项目实施单位修理项目应严格按项目实施进度分阶段结算，月度修理项目进度原则上不超过年度投资的25%，上半年修理项目进度原则上不低于30%。

4. 支付续建项目资金

在保证当年技改工程总支出不超过当年技改工程投资计划内总投资额和不超过单项项目总投资的前提下，经专业管理部门生产项目管理人员审批后，续建项目可按实际的施工进度进行资金支付。

（二）主要流程

生产项目资金管理业务流程（实施单位）见图6-2。

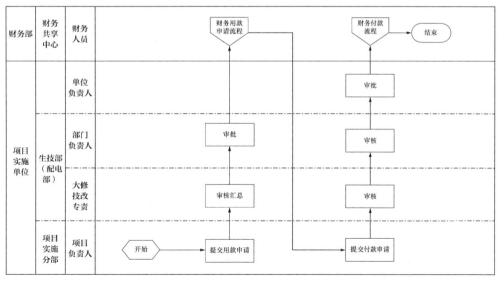

图6-2 生产项目资金管理业务流程（实施单位）

第二节　生产项目结算管理实践

基于以上生产项目结算管理规定，结合准确及时（Exactness）考量，相关电网企业开展了结算管理的实践，取得了初步成效。

一、优化生产项目定额体系应用

（一）生产项目补充费用标准应用

1. 研究背景及意义

（1）研究背景

生产项目在实施和结算过程中，存在费用标准不明确、计价标准缺失及计价结果不合理等问题。为贯彻落实电网企业"过紧日子"及提质增效的有关要求，合理控制工程项目成本，严控工程造价虚高，挖潜增效，开源节流，提升工程投资效益，防范投资项目结算审计风险。

（2）研究意义

为电网企业生产项目投资估算、初步设计概算、施工图预算、最高投标限价或招标标底、投标报价、工程结算编制和费用计算提供参考依据，以保证合理确定项目投资，反映真实造价水平，有助于进一步规范日常修理项目的投资管理，合理控制成本支出，严控结算环节自由裁量，提高定价准确性，降低虚假结算、重复结算等问题的发生概率，进一步提高生产项目造价精细化管理水平，为提升造价管理的标准化、精益化水平提供支撑，对项目实施的推进和资源的合理利用具有重大意义。

2. 补充费用标准制定技术路线

（1）收集整理生产项目的工程技术、技经资料

通过现场调研、查找资料等方式收集生产项目在建设过程中的特殊建设要求、技术方案、施工方案以及了解生产项目的招标、投标、结算方式。

（2）基于电力定额计价模式结合工艺等进行编制

基于《电网技术改造和检修工程预算编制与计算规定（2020年版）》的计价模式，不足部分参考行业、广东省地方定额等其他相关费用标准的原则，结合每项费用实际施工工艺、资源投入等情况，编制各项费用标准。

（3）选取实际工程，验证项目测算成果

选取合适的案例工程，对补充费用标准的编制成果进行整体测算和比对，验证成果的适用性及科学性，并对应用补充费用成果后对生产项目投资影响进行评估。

（4）对初步测算成果进行修正，并完善报告

根据项目测算成果进一步修正技改修理项目补充费用标准，并完善研究报告，形成研究成果。

项目按照调研收资、各项费用标准研究、测算验证三个步骤开展课题研究工作，拟定技术路线（图6-3）。

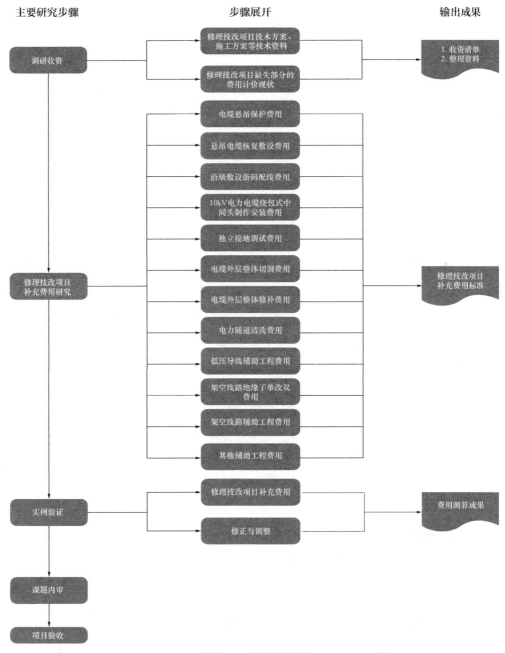

图6-3 技术路线图

3. 研究依据和方法

（1）研究依据

《电网技术改造工程预算编制与计算规定（2020年版）》；

《电网技术改造工程预算定额（2020年版）》；

《电网检修预算编制与计算规定（2020年版）》；

《电网检修工程预算定额（2020年版）》；

《广东省建设工程计价依据（2018）》；

《2021年广东省人力资源市场工资价位及行业人工成本信息》；

《广州市机械设备租赁及销售价格参考的通知》。

（2）研究方法

1）实地调研法

实地调研，指对第一手资料的调查活动，即现场搜集研究资料和数据。根据实地调研形式的不同，实地调研方法主要包括访问法、观察法和实验法。

主要采用访问法和观察法对定额缺项的生产项目工作内容进行基础数据调研。研究依据工程施工方案、作业指导书等资料，以调研、集中工作、现场观察等形式收集基础数据，在数据收集的过程中对施工过程、工艺进行了解，发现问题及时面对面沟通，保证调研的即时性及数据的有效性。

2）对比分析法

对比分析法是把客观事物加以比较，以达到认识事物的本质和规律的目的，并做出合理评价的方法。通常是把两个相互联系的指标数据进行比较，从数量上展示和说明研究对象规模的大小、水平的高低，以及各种关系是否协调。根据研究目的和对比基础不同，指标数据对比得到的反映客观事物之间联系程度的综合指标，可以分为结构相对数指标、比例相对数指标、比较相对数指标、强度相对数指标、计划完成程度相对数指标、动态相对数指标。

主要采用结构相对数指标、比例相对数指标、比较相对数指标进行费用测算过程分析及费用测算结果合理性分析。

3）统计分析法

统计分析法是把过去一定时间内同类工程或生产同类产品的实际统计资料与当前生产技术和组织条件的变化因素相结合，进行分析研究以制定定额的方法。该方法适用于施工条件正常、产量稳定且批量大、统计资料齐全的施工过程，在使用时剔除其中不合理的数据，并结合当前施工技术条件进行综合测定。

4）经验估算法

经验估算法是由技经人员、工程技术人员和操作工人相结合，根据实践经验,经过分析图纸、观察现场、了解施工工艺、分析施工生产技术组织条件和操作方法等制定费用标准的方法。

4. 综合考虑生产项目技改以及检修定额计价现状补充费用标准

在以往无费用标准的结算主要通过建设单位与承包商协商的方式确定,例如采用承包商工作例会、结算工作协调会等形式开展研讨确定,导致无费用标准的解决机制的合规性、普适性及时效性均难以得到保障。经梳理分析,生产项目在实施和结算过程中存在项目的施工内容与技改修理定额不匹配,存在费用标准不明确、计价标准缺失及计价结果不合理等问题,主要表现为以下三种类型(图6-4)。

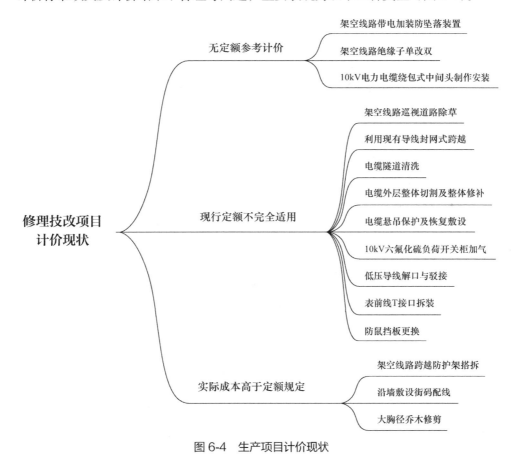

图6-4　生产项目计价现状

(1) 无定额参考计价类

部分项目工作内容无定额可参考计价,没有相近或相似工作内容的定额可参考,单方面组价过程涉及数据较多,难以保证每一个数据都依据充足,计价自由裁量权过多容易造成监管缺失。

(2) 现行定额不完全适用类

部分项目工作内容没有完全适用的定额,但存在相近或相似的定额,但实际工作内容仅为定额工作内容的一部分，往往需要根据实际情况对定额进行测算后调整使用，存在审计风险且容易产生结算纠纷。

（3）实际成本投入过高类

部分项目零星工作内容，虽有较相似的定额，但存在工作地点零散、单次工程量过少或定额与实际情况偏差较大等原因，结合电网企业近年越来越完善的施工现场要求，实际现场投入远高于定额计算的标准费用，导致施工成本无法得到保障，施工单位的积极性不高，项目推进缓慢。

聚焦国家对工程造价行业改革的相关政策和精神，逐步摒弃定额化计价固有思维，建立起更为适应市场化要求的新型计价机制，针对上述各情况的具体项目开展费用研究，以工程造价市场化、信息化和法治化为导向，通过实地走访、调查研究、现场实测等了解项目开展实际情况和市场化水平，扎实推进理论研究，为工程造价创新计价机制打牢理论根基。对补充费用标准进行深入研究，对"现行计价依据"进行改进补充，解决计价带来的问题和风险。

（二）低压发电车和低压联络作业补充费用标准应用

1. 研究背景及意义

（1）研究背景

为贯彻落实电网企业"停设备不停用户""积极稳妥推广不停电作业"的有关要求，低压不停电作业的无感接入技术应用作为重点工作进行大力推进，现应用无感接入技术实施的结算过程中，低压发电车作业和低压联络作业等不停电作业存在费用标准不明确、计价标准缺失等问题。为贯彻落实网公司、省公司"过紧日子"及提质增效的有关要求，合理控制工程项目成本，防范投资项目结算审计风险，开展低压发电车和低压联络作业补充费用标准研究。

（2）研究意义

为电网企业生产项目的投资估算、初步设计概算、施工图预算、最高投标限价、招标标底、投标报价、工程结算编制、费用计算提供参考依据，以保证合理确定项目投资，反映真实造价水平。补充费用标准有助于进一步规范建设项目的投资管理，合理控制成本支出，严控结算环节自由裁量，提高定价准确性，降低虚假结算、重复结算等问题的发生概率，进一步促进建设项目造价精细化管理，为提升造价管理的标准化、精益化水平提供支撑，对项目实施的推进和合理资源的利用具有重大意义。

2. 研究内容及技术路线

（1）收集整理项目的工程技术、技经资料

通过现场调研、查找资料等方式收集技改修理项目在建设过程中的特殊建设要求、技术方案、施工方案以及了解目前技改修理项目的招标、投标、结算方式。

（2）基于电力定额计价模式结合工艺等进行编制

基于现行电力行业定额的计价模式，不足部分参考行业、广东省地方定额等其他相关费用标准的原则，研究过程中结合每项费用实际施工工艺、资源投入等情况，编制各项费用的标准。

（3）选取实际工程，验证项目测算成果

选取合适的案例工程，对补充费用标准的编制成果进行整体测算和比对，验证成果的适用性及科学性，并对应用补充费用成果后对建设项目投资影响进行评估。

（4）对初步测算成果进行修正，并完善报告

根据项目测算成果进一步修正补充费用标准，并完善研究报告，形成研究成果。

项目按照调研收资、各项费用标准研究、测算验证三个步骤开展课题研究工作，拟定技术路线如图6-5所示。

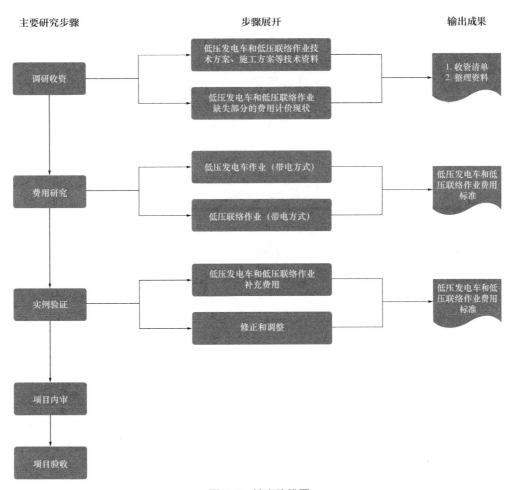

图6-5 技术路线图

3. 研究依据和方法

（1）研究依据

《电网技术改造工程预算编制与计算规定（2020年版）》；

《电网技术改造工程预算定额（2020年版）》；

《电网检修预算编制与计算规定（2020年版）》；

《电网检修工程预算定额（2020年版）》；

《20kV及以下配电网工程预算定额（2016年版）》；

《广东省建设工程计价依据（2018）》；

《2021年广东省人力资源市场工资价位及行业人工成本信息》；

《广州市机械设备租赁及销售价格参考的通知》。

（2）研究方法

1）实地调研法

实地调研，指对第一手资料的调查活动，即现场搜集研究资料和数据。根据实地调研形式的不同，实地调研方法主要包括访问法、观察法和实验法。

主要采用访问法和观察法对定额缺项的技改修理项目工作内容进行基础数据调研。研究依据工程施工方案、作业指导书等资料，以调研、集中工作、现场观察等形式收集基础数据，在数据收集的过程中对施工过程、工艺进行了解，发现问题及时面对面沟通，保证调研的即时性及数据的有效性。

2）对比分析法

对比分析法是把客观事物加以比较，以达到认识事物的本质和规律并做出合理评价的方法。通常是把两个相互联系的指标数据进行比较，从数量上展示和说明研究对象规模的大小、水平的高低，以及各种关系是否协调。根据研究目的和对比基础不同，指标数据对比得到的反映客观事物之间联系程度的综合指标，可以分为结构相对数指标、比例相对数指标、比较相对数指标、强度相对数指标、计划完成程度相对数指标、动态相对数指标。

主要采用结构相对数指标、比例相对数指标、比较相对数指标进行费用测算过程分析及费用测算结果合理性分析。

3）统计分析法

统计分析法是把过去一定时间内同类工程或生产同类产品的实际统计资料与当前生产技术和组织条件的变化因素相结合，进行分析研究以制定定额的方法。该方法适用于施工条件正常、产量稳定且批量大、统计资料齐全的施工过程，在使用时剔除其中不合理的数据，并结合当前施工技术条件进行综合测定。

4）经验估算法

经验估算法是由技经人员、工程技术人员和操作工人相结合、根据实践经验，经过分析图纸、观察现场、了解施工工艺、分析施工生产技术组织条件和操作方法等制定费用标准的方法。

4. 综合考虑低压发电车工艺技术现状以及计价现状补充费用标准

（1）工艺技术现状

1）传统低压发电车及低压联络作业工艺技术

采用传统工艺技术开展低压发电车作业时，发电车低压柔性电缆的接入及拆除均需要在设备停电状态下开展。以发电车低压柔性电缆接入为例：一是做好电缆敷设、电缆接入发电车和车辆检查等工作；二是应先将相关的中低压开关断开，并在接入点电源侧和负荷侧接地；三是将发电车出线电缆分别通过螺栓紧固等方式接入电网；四是将接地线拆除；五是将相关低压开关合上并启动发电车送电。发电车电缆拆除的工艺流程与接入顺序相反，工艺流程类似。

传统工艺技术方式具有明显缺点：一是实施效益较差，作业全过程至少带来两次用户停电感知，每次的典型停电时长在 40min 以上，一定程度上不满足不停电作业实施的初衷；二是现场作业流程繁琐，接入或退出流程涉及多个开关停送电、狭窄空间内装拆多组接地线，一辆发电车涉及的工作票和操作票通常在 10 张以上，现场人员负担较重，不利于安全管控。

采用传统工艺技术开展低压联络作业与发电车作业类似，但相比发电车作业还增加了一处接入及退出工作，因此其接入及退出工作耗时、用户停电感知可相应增加一倍（图 6-6）。

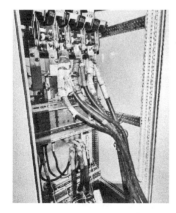

图 6-6　传统低压发电车及低压联络作业工艺技术

2）低压发电车作业（带电方式）工艺技术

根据最新的技术规范书和作业指导书，低压发电车作业（带电方式）是应用了低压带电作业技术，其特点是直接将发电车低压柔性电缆通过专用工具接入带电的低压设备。

带电作业方式具有突出的优点，节省了相关中低压开关分合和装地线的操作，节省了大部分用户停电感知时间，且作业流程简洁、工作票和操作票减少至四张以内。

若实现全过程的用户停电零感知，在发电车带电接入后、带电退出前应同时应用发电车准同期并网技术。准同期并网技术原理是：为发电车配置准同期并网功能模块后，向发电车下达合闸指令，准同期并网功能模块检查市电和发电机组电压幅值、相序、相位、频率等满足条件后，即将发电车对应开关合闸，实现发电车并网与负荷无缝切换（图6-7）。

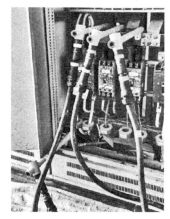

图6-7　低压发电车作业（带电方式）工艺技术

3）低压联络作业（带电方式）工艺技术

根据最新的技术规范书和作业指导书，低压联络作业（带电方式）与前述低压发电车作业（带电方式）采用的工艺技术一致。

若实现全过程的用户停电零感知，还需使用低压联络装置，在低压柔性电缆带电接入两个台区后，同时应用低压合环并网技术，实现两个台区之间负荷的无缝切换（图6-8）。

（2）综合考虑低压发电车工艺技术现状以及计价现状补充费用标准

由于低压不停电作业的无感接入技术应用作为电网企业工程领域的重点工作进行大力推进，对于新技术、新工艺、新材料的推广应用，现行的定额、行业费用标准无法适用，亟须根据电网企业项目实际对新技术、新工艺、新材料的推广应用的需求，同步开展配套的费用研究工作，以满足技术推广应用的需要。

图 6-8　低压联络作业（带电方式）工艺技术

二、结算造价管理措施

（一）结算造价管理服务方案

1. 竣工结算审查方案

（1）竣工结算审查方案设定背景以及作用

工程项目竣工结算阶段是工程造价控制的最后阶段，如果把握得不好，也会功亏一篑。电网企业委托审核单位对竣工结算进行审查，对于推进项目结算投产工作发挥着重要作用。

（2）竣工结算审查方案要点

在工程竣工验收备案后承包单位应提交竣工结算书，其内容应符合工程结算的有关规定。电网企业委托审核单位对承包单位完成的建安工程量，根据设计文件进行全面核查，对工程结算提出审查意见，初步审定后，再与电网企业、承包单位进行协商，并正式提出审查报告，书面报送电网企业。

工程竣工时如有甩项（未按图施工），承包单位应列出剩余工程明细表和计划完成时间，经电网企业、设计单位、监理单位协商认可后，签订补充协议，涉及的工程款项，应在结算中扣除，等剩余工程完工并验收合格后，再行审核支付。其中甩项工程应在不影响质量验收的情况下单独处理。

核算实际完成工程量、审核竣工结算是这一阶段的主要工作。如果工程量清单报价中的工程数量不包死，就应尽量按竣工图纸等资料重新计算工程量，而不是单单计算增减量。

竣工结算审查方案要点如下：

1）核对合同条款。

2）检查隐藏验收记录。

3）落实设计变更签证。

4）按图核实工程数量。

5）认真核实单价。

6）注意各项费用计取。

7）防止各种计算误差。

2. 结算资料完整性审查方案

（1）结算资料完整性审查方案设定背景以及作用

结算资料的好坏直接影响到结算流程的顺利推进，电网企业委托审核单位对于承包单位的结算资料进行审核，避免由于资料不完善造成结算过程中与承包单位形成争议，对于推进项目结算投产工作发挥着重要作用。

（2）结算资料完整性审查方案要点

承包单位根据结算资料清单及施工招标文件中"承包人必须严格执行业务指导书"，完成职责范围或合同规定的项目文件的编制和整理、归档工作，确保项目文件完整、准确、系统。完整的竣工结算资料包括：工程结算书、重大设计变更批复文件、设计变更单、签证单、开竣工报告及其他记录等，一式四份（含电子版一份）。上述内容逐一核对并提交电网企业。对电网企业退回的、不符合结算资料完整性要求的项目资料，需要在指定时间内补充完成，并重新提交。

结算资料完整性审查方案要点如下：

1）结算资料不规范审查

① 设计变更办理不规范审查；

② 甲供材料设备清单与竣工图不一致审查；

③ 甲供拆除废旧物资退料清单与竣工图不一致审查；

④ 竣工图纸不规范审查；

⑤ 签证单、监理联系单不规范审查；

⑥ 材料甲转乙供委托不规范审查；

⑦ 合同外委托工程量的结算不规范审查；

⑧ 延期结算审查。

2）结算内容不对应审查

① 结算报告前后不对应审查；

② 结算报告内容与工程规模不一致审查；

③ 结算报告开竣工日期不一致审查；

④ 结算定案表与结算报告不一致审查；

⑤ 结算报告格式不当审查。

（二）结算造价管理标准签证模板

1. 标准签证模板设定背景以及作用

日常维修项目工作内容零碎、繁多，造成签证单表示形式存在多样性，造成结算审核工作量加重，工程进度迟缓。电网企业为解决问题，委托咨询单位进行配电日常维修项目签证模板的修编工作，明确工作范围，理顺工作流程，清晰工作要求，提高工作效率。

2. 标准签证模板工作流程

（1）总体原则

通过建立配电日常维修项目签证模板的更新机制，以项目实施过程中出现的非模板工作内容为基础，持续对签证模板进行动态修改、增补、完善，并由电网企业统一审批发布，利用数字化手段固化应用，提高签证的工作效率及质量，降低审计风险。

（2）导出非模板工作内容

在项目实施过程中，承包单位可通过手动录入的方式在APP记录非模板的工作内容，在每个季度初统一导出，形成《非模板工作内容统计表》。

（3）编制新增建议

承包单位在《非模板工作内容统计表》的基础上进行复核，对已有适用签证模板的内容应当进行剔除，并结合实际工作的需要适当进行增补，最终编制形成《签证模板新增建议汇总表》，按季度整理归纳汇总提交至电网企业单位。

（4）初审新增建议

电网企业应对承包单位提交的《签证模板新增建议汇总表》进行初审，督促承包单位注意剔除已有适用签证模板的增补项，对工作内容描述不清晰、不完整的内容进行补充完善，电网企业确认同意后反馈至咨询单位。

（5）梳理新增建议

咨询单位对《签证模板新增建议汇总表》进行梳理，初步确定适合直接增补的内容及需要进一步核实的内容，对于施工工艺复杂、工作内容不清晰难以界定的，咨询单位向电网企业及承包单位进一步确认，必要时由承包单位配合提供现场资料，统一反馈至咨询单位。

（6）编制修编方案

咨询单位根据本期收集的《签证模板新增建议汇总表》及现场资料，编制《签证模板修编方案》，提出修改范围及内容，提交电网企业确认。

(7) 修编签证模板

《签证模板修编方案》经电网企业确认后，咨询单位开展签证模板的具体修编工作，并将修编形成的《日常维修工程量签证模板》成果及时提交反馈至电网企业，再根据反馈意见进行修改完善。

(8) 固化 APP

《日常维修工程量签证模板》最终经电网企业审批同意后，固化在 APP 上进行应用。

(三) 结算造价管理质量控制措施

1. 质量控制措施设定背景以及作用

电网企业正在推行巡视生产技术领域问题、生产项目"四虚"专项检查等相关工作，针对上述问题，急需设定相关质量控制措施，管控好相关技术质量问题。

2. 常见的"四虚"问题类型

大修项目、日常维修项目和生产技改项目较容易产生"四虚"问题，委托运行、材料费、试验检验等问题数量发生频次较低（表 6-1）。

"四虚"问题　　　　　　　　　　　表 6-1

分类	问题描述
虚列项目	虚列项目（项目分类不准确）
	虚列项目（拆分立项嫌疑）
	虚列项目（实施内容与立项内容不对应）
虚高价格	虚高价格（定额套用不合理）
	虚高价格（重复计费）
	虚高价格（对比同类项目成本异常）
	虚高价格（虚高单价）
	虚高价格（成本管控不到位）
	虚高价格（地形系数计取错误）
	虚高价格（多计费用）
	虚高价格（规费费率计取错误）
	虚高价格（未按规定参考现行计价依据与标准规定）
	虚高价格（未进行询价）
虚假验收	虚假验收（按预算盲签）
	虚假验收（验收工程量与实际不符）
	虚假验收（验收空洞，关键信息不够具体）
	虚假验收（按结算表定额盲签）
	虚假验收（签证不真实，代签嫌疑）

续表

虚假验收	虚假验收（验收工程量与技术文件、定额不符）
	虚假验收（验收规格型号与实际不符）
	虚假验收（补签嫌疑）
	虚假验收（验收内容与合同不一致）
虚假结算	虚假结算（虚高单价）
	虚假结算（重复结算）
	虚假结算（多计费用）
	虚假结算（虚列工程量）
	虚假结算（高套定额）
	虚假结算（含建安费项目，没有第三方审核）
	虚假结算（超进度付款）
	虚假结算（结算内容与合同不符）
	虚假结算（合同条款自相矛盾）
	虚假结算（结算工程量与签证不符）
	虚假结算（结算规格与实际内容不符）
	虚假结算（结算内容与立项内容不符）
	虚假结算（起赔缺乏依据）
	虚假结算（设计费按概算审定金额结算，概算总投资虚高）
	虚假结算（未验收先结算）

3. 结算质量控制措施

（1）虚列项目

建立高风险类型项目业务造价指标，提高项目策划准确性、有效性。针对屋顶防水、树木修剪等风险突出业务领域建立并完善维护策略及业务标准。

（2）虚高价格

建立多重把关的技经管控机制。审核单位建立自校—常规校核—专业校核—内外审计巡视巡察发现问题专项内部全面自查的内外多重把关的技经管控机制，更新细化生产项目编制标准预算库，推动过程文件记录标准化、规范化，提高造价编审审查效能，协同筑牢生产项目技经"防线"。

（3）虚假验收

避免表面验收而不具体实际的情况，完善细化竣工验收签证书内容要求，明确具体实施子目、单位，强化施工作业信息对签证的支撑，确保签证有据可依。改善以往只重视竣工验收而对过程验收重视不足的情况，明确中间验收、隐蔽工程验收的内容及标准要求，对签证时间、参与人员、实施照片进行匹配。

（4）虚假结算

严控结算环节自由裁量权，编制《生产项目技经审核工作指引》，对生产项目结算的审核要点、依据及风险点进行全面梳理归纳，有效指导项目全环节造价管控。建立统一透明的乙供材料询价定价标准，编制《乙供材料材价库》及使用指南，明确了非标准乙供材料的询价定价标准。

（四）结算造价管理进度控制措施

1. 进度控制措施设定背景以及作用

工程进度是电网企业重点关注的因素，电网企业委托审核单位制定完整、程序清晰、安排科学、措施有力、切实可行的进度计划及控制措施，对于项目顺利竣工投产、把控完成节点目标发挥着重要作用。

2. 进度计划

进度计划包括总体进度计划、阶段性计划（按季度）和单项工程计划，电网企业委托审核单位通过科学、合理的进度计划，合理分配资源，并根据电网企业要求及时调整计划，确保整体进度目标的实现。

（1）进度计划制定原则

结算审核业务以电网企业结算策划表为基础，项目结算审核的及时完成，直接影响电网企业增资转固，因此进度计划制定原则应全面、准确响应电网企业需求，针对每个项目制定计划安排。

（2）总体进度计划

总体进度计划即里程碑进度计划，应包括年度所有投资项目计划及重点项目等各项目预计介入时间、送审资料提交时间、咨询服务完成时间等关键节点的时间要求。

（3）阶段性计划（按季度）

阶段性计划是指一个季度内应跟踪的项目。每季度末整理下一季度的阶段性计划，并及时安排项目审核人员，要求其提前关注，临近送审资料提交时间节点需要积极主动联系电网企业。阶段性计划应包括该季度内纳入服务的项目、明确重点项目、各项目预计介入时间，送审资料提交时间，咨询服务完成时间等关键节点的时间要求。

（4）单项工程计划

单项工程计划是指在阶段性计划确定的基础上，对单个项目的造价咨询服务所做的计划，包括资料提交时间、提交资料情况、工期要求、补充资料情况、编审工作的重点和难点、需审核单位和电网企业沟通协调问题、完成初稿时间要求、校核和审核时间要求等内容。

3. 进度分阶段控制措施

进度整体流程按阶段分为"事前、事中、事后"三个关键性节点（图6-9），电网企业委托审核单位通过计划、组织、协调、制度保障和资源配置等手段最终按期完成工程项目的造价咨询服务工作。

图6-9　进度整体流程图

（1）事前充分准备

整体进度控制电网企业委托审核单位全程把控，为更好地完成咨询服务工作，具体实施手段如下：

1）建立常态化沟通和反馈机制；

2）明确电网企业需求；

3）重视重点工作；

4）前期拜访；

5）对接窗口；

6）提前安排，保证资源及时准确投入；

7）规范送审资料；

8）主动跟进提资进度。

（2）事中密切跟进

电网企业委托审核单位加强各协作单位的沟通与配合，及时向电网企业汇报项目进展情况，便于电网企业对审核单位工作进行监督和指示；严格按照工作方案实施项目，若出现偏差，及时从组织、技术和管理等方面采取纠偏措施，使项目投资按照计划实施，并全程应用信息管理系统进行进度控制。具体实施手段如下：

1）送审资料完整性和规范性检查；

2）资料核对情况的反馈和处理；

3）立项管理系统化；

4）项目管理月报反馈进度情况。

（3）事后及时全面总结

电网企业委托审核单位对各专业项目进度控制情况进行总结，分析存在的问题，找出影响进度控制的关键点，形成项目进度控制要点，审核单位内部讨论审核定稿后，在审核单位进行全面宣贯。定期对管理系统进行更新，对系统不完善的地方进行补充，对需要添加的新功能及时更新，以保证管理系统满足电网企业的持续发展。

第七章

生产项目 5E 全过程管理中
有效闭环的后评价环节

第一节　生产项目后评价管理规定

第二节　生产项目后评价管理实践

第一节　生产项目后评价管理规定

一、生产项目承包商资信评价

（一）基本概念

相关术语及定义见表 7-1。

相关术语及定义　　　　　　　　　　　　　表 7-1

术语	定义
生产项目承包商	从事生产项目可研、勘察、设计的设计企业，从事生产项目土建、电气安装的施工企业，从事生产项目监理、调试、检测的企业及从事修理、维护等维护类业务的企业
施工分包	生产项目承包商（与项目法人签订施工承包合同的施工企业）将其所承包工程中的专业工程或者劳务作业发包给其他具有相应资质的施工企业完成的活动。施工分包分为专业分包和劳务分包
专业分包	生产项目建设过程中，施工总承包单位将其承包工程中的专业工程依法发包给具有相应资质等级的专业分包单位完成的活动
劳务分包	生产项目建设过程中，施工总承包单位或专业分包单位将其承包工程中的劳务作业依法发包给劳务分包单位完成的活动
违法发包	建设单位将生产项目发包给不具有相应资质条件的单位或个人，或者肢解发包等违反法律法规规定的行为
违法分包	承包商未经发包方同意或者违反合同关于工程分包的约定，把单位工程或分部分项工程分包给其他单位或个人实施，以及法律法规规定的其他违法分包行为
转包	承包单位承包生产项目后，不履行合同约定的责任和义务，将其承包的全部工程或者将其承包的全部工程肢解以后以分包的名义分别转给其他单位或个人施工的行为
生产项目主体工程	线路改造类技改项目的主体工程，是指送电线路工程的杆塔组立和拆除，架线与附件安装和拆除，电力电缆的敷设拆除和电缆头制作、安装；变电类技改项目的主体工程，是指构支架组立、一次、二次等电气设备安装、拆除、调试等工程；修理项目、试验检验项目、委托运行维护项目立项工作内容均为主体工程，配套主体工程实施所需的带电作业及零星土建工程不属于主体工程
项目签约承包商	经招标投标确定且通过项目实施单位资信备案初审及评价的生产项目承包商
企业合格生产项目承包商	资信备案档案及评价结果经企业基建部发布后的生产项目承包商

（二）管理要点

各项目实施单位按企业承包商资信评价统一部署对生产项目承包商进行年度资信评价。生产项目承包商资信评价包括项目履约情况评价和承包商作业现场安全违章行为扣分，评价细则详见表 7-2。

承包商资信评价细则　　　　表 7-2

类型	评分细则
生产项目承包商资信评价	生产项目承包商年度资信评价得分＝履约评价得分－承包商作业现场安全违章行为扣分
生产项目承包商履约情况评价	（1）对于生产项目承包商履约情况评价，项目实施单位生产项目管理人员可以参考生产项目承（分）包商履约评价考核评分表进行评分。其中一般事项扣分，应使用施工承包商资信评价扣分记录单进行记录并保存；严重扣分项及红线事项，应使用施工承包商资信评价扣分通知书告知承包商并保存。 （2）生产项目承包商年度项目履约情况评价得分在企业范围内分别计算，计算公式如下： 承包商年度项目履约情况评价得分＝（A 单位对承包商履约评价分 × 承包商在 A 单位的合同价＋B 单位对承包商履约评价分 × 承包商在 B 单位的合同价＋……）/ 所有单位承包商合同价之和 如某个单位对承包商履约评价分为 0 分，应在提交履约评价结果时附情况说明，经企业归口管理部门确认后发布，且该承包商年度项目履约情况评价得分为 0 分

（三）主要流程

生产项目承包商资信管理流程见图 7-1。

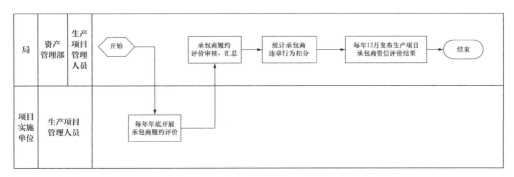

图 7-1　生产项目承包商资信管理流程图

二、生产项目分包管理

（一）管理要点

项目实施单位生产项目管理人员应对分包作业内容进行审核把关。生产项目严禁转包、违规分包；严禁以包代管；严禁"皮包公司"、挂靠和借用资质施工队伍承包工程和入网施工。生产项目承包商对所承接的工程可以依法将非主体专业工程分包给具有相应资质的专业承包商，或依法将劳务作业分包给具有相应资质的劳务分包商。原则上生产项目承包商应当自行完成主体工程的施工，除可依法对劳务作业进行劳务分包外，不得对主体工程进行其他形式的施工分包，主体工程的工作负责人、技术负责人、质量管理人员、安全管理人员等核心工作人员必须为承包商合法员工。

1. 分包报审

生产项目分包审批管理应逐级落实责任，"一级对一级"负责，项目实施单位应对承（分）包商做好分包审批管理相关要求的宣贯和监督，具体内容如下：

（1）分包单位应严格自律，必须保证依法合规开展生产项目分包活动。

（2）生产项目承包商是生产项目分包管理的责任主体，必须保证依法依规开展施工分包，并承担生产项目分包管理责任。生产项目承包商应对分包单位资格进行审核，并在分包作业开工前以书面形式向监理单位（如有）、项目实施单位提出分包申请。

（3）监理单位（如有）负责对生产项目施工分包申请进行审核、把关，签署审核意见。履行所辖生产项目分包管理的监理职责。

（4）项目实施单位生产项目管理人员负责对生产项目施工分包申请进行审核、把关，签署审核意见。履行所辖生产项目分包管理的监督管理职责。

2. 管理分包合同

项目实施单位生产项目管理人员应对承（分）包商做好分包合同管理相关要求的宣贯、管控和监督，具体内容如下：

（1）生产项目承包商在分包项目开工前，应及时与项目实施部门批准的分包商签订分包合同。签订分包合同的承包商、分包商双方必须是具备相应资质等级的独立法人单位，生产项目承包商工程项目部及下属的专业工地不得越权自行招用分包商。

（2）分包合同中约定的施工范围不得超越分包商的资质范围，劳务分包合同中约定的劳务分包商承包范围不能包括材料供应等非劳务作业内容。

（3）分包合同中应明确意外伤害保险费用支付和办理的责任方。

（4）专业分包工程由生产项目承包商按与项目法人所签订的施工承包合同中确定的责任和义务向项目法人负责，专业分包商在分包范围内向生产项目承包商负责，生产项目承包商和专业分包商对分包工程承担连带责任。劳务分包工程由生产项目承包商对劳务分包商的施工作业进行监督、指导，并全面承担与项目法人所签施工承包合同规定的责任和义务。

（5）项目实施单位按合同约定向生产项目承包商支付工程款，并督促生产项目承包商及时向分包商支付工程款或劳务费用；生产项目承包商要督促分包商不拖欠施工人员工资，避免产生费用等方面的纠纷，影响工程建设秩序。

3. 评价生产项目分包商履约情况

生产项目分包商年度项目履约评价与生产项目承包商同步进行，项目实施单位生产项目管理人员可参照相应内容对生产项目分包商履约情况进行考核。

4. 发布和使用生产项目分包商履约评价结果

生产项目分包商履约评价结果可在生产项目承（分）包商年度资信评价结果中一并公布。

（二）主要流程

生产项目分包管理流程见图7-2。

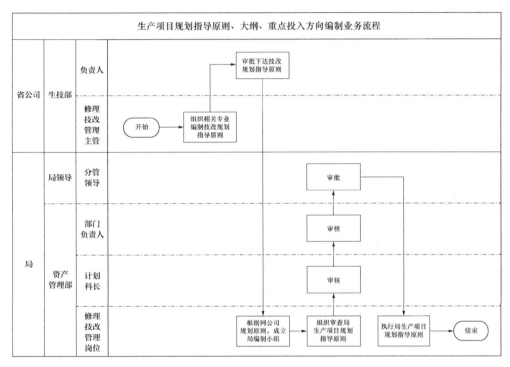

图 7-2　生产项目分包管理流程图

第二节　生产项目后评价管理实践

基于以上生产项目后评价管理规定，结合有效应用（Effectiveness）考虑，相关电网企业开展了后评价管理的实践，取得了初步成效。

一、生产项目检查管理

生产项目检查管理是指各级项目归口管理部门按照"强化监管"的原则，运用第三方审查、日常自查及交叉审查、专项审查、监督抽查等多维度审查监督管理机制和管控指标体系，加强生产项目过程检查监督和考核评价，具体如下：

（一）第三方审查项目

（1）生产项目归口管理部门按需委托第三方中介机构对生产项目管理开展第三方审查，重点审查 A 类项目、重点项目、示范项目、专项项目及阶段性（分期建设）项目等全过程管理情况。委托审查费用在中介费中列支，或在修理项目中列专题费用。

（2）第三方审查原则上按照审查项目类别项目个数不低于 5%、项目总投资不低于 30% 的比例抽取审查项目，抽取的审查项目应涵盖所有电压等级。

（3）各级生产项目管理专责应组织相关人员建立第三方审查发现问题台账，制定详细整改措施和计划，落实责任人和完成时间，实行销号式整改。

（二）日常自查及交叉审查项目

（1）项目实施单位生产项目管理人员组织相关人员每季度开展一次项目管理日常自查，对所有在建项目和即将开工项目的施工、监理、设计承包商进行全面检查，重点检查各承包商是否存在违反"五个严禁"（附录2）和"四虚"问题（附录3）的情况，包括但不限于：安全技术措施的落实以及施工人员的进场作业资质是否满足要求，监理单位人员配备和资质是否满足现场监理工作要求，现场监理人员是否到位尽责，设计单位现场服务是否满足要求等。

（2）项目实施单位生产项目管理人员应组织相关人员总结自查情况，对自查发现问题建立整改台账实行销号式整改，并按需将自查报告及整改台账上报项目归口管理部门备案，项目归口管理部门按照省公司相关要求办理报备手续。

（3）分子公司项目归口管理部门生产项目管理人员每年至少组织项目建设单位开展一次交叉审查。交叉审查由局项目归口管理部门制定审查方案，确定审查范围、审查内容、审查方法，并抽调各项目建设单位人员进行集中培训后，对各项目建设单位进行交叉审查，重点检查是否存在违反"五个严禁"和"四虚"问题的情况，是否存在项目建设单位履职不到位情况，以及项目承包商的资信管理、承包商作业人员资质管理等情况。原则上，抽调人员不审查所在项目建设单位。交叉审查结果由分子公司项目归口管理部门汇总审核后印发，督促各受检单位落实问题整改。

（4）各项目建设单位生产项目管理人员按照交叉审查原则，接受项目归口管理部门组织生产项目管理人员到本单位开展内部交叉审查。

（三）专项检查项目

（1）项目归口管理部门生产项目管理人员根据生产项目管理发现的问题和特

殊情况，制定专项检查计划和方案，有针对性地组织开展小范围的生产项目管理专项检查。

（2）专项检查按需开展，一般是第三方审查、日常自查和交叉审查的延续和深入。

（四）监督抽查项目

（1）项目归口管理部门生产项目管理人员每年组织或者委托项目建设单位项目归口管理部门组织相关专业人员对生产项目管理进行监督抽查。

（2）监督抽查由项目归口管理部门生产项目管理人员制定抽查计划和抽查方案，项目建设单位项目归口管理部门配合开展。委托项目建设单位项目归口管理部门生产项目管理人员组织开展监督抽查的，项目建设单位项目归口管理部门生产项目管理人员应按要求开展监督抽查工作并及时上报监督抽查报告。

（3）监督抽查一般每年至少开展一次。

（4）各类检查工作可按照实际情况及需求合并开展，各项目建设单位可参考各类检查方式，自行增量开展自查。

（5）项目建设单位生产项目管理人员对各级管理审查及审计发现问题，应认真分析问题产生的原因、查找问题根源，及时完成管理审查及审计发现问题的整改，对问题整改不到位的情况，按照"分级管理、权责对等"的原则进行问责。

二、生产项目综合评价管理

（一）管控指标体系构建

1. 指标体系构建原则

（1）系统性原则

构建的指标体系需最大限度地反映要评价项目的综合情况，有反映直接的效果，也要有反映间接的效果。各指标之间是有机结合在一起的，每个指标与项目总目标或上一级目标需高度一致。

（2）实用性和可操作性原则

指标和指标体系是为了进行综合评价。指标设置应能充分体现项目特点，能客观反映项目各个阶段的实际情况；还要便于有关人员的操作和使用，能进行定量计算或定性描述。

（3）定量与定性相结合原则

电网项目的影响因素是多种多样的，其中有些因素可以进行定量计算，某些因素只能进行定性描述，依靠评价者的经验及直觉去评价。由此，指标体系不仅有定量也有定性，两者相辅相成构成一个完整的整体。在指标进行定性分析时，应以事实为依据，避免太多主观的评判，尽量做到客观、公正。

（4）独立性原则

同一层次中各个指标相互之间应该是独立的，这样才能避免同一个目标进行重复的计算。在设定指标时，尽量减少指标之间的相关程度，以避免指标之间的相互交织。

（5）层次性原则

对于简单的评估问题，指标系统可以设置为水平结构，即多个指标并行排列；复杂的后评估问题应该是分层的，使用层次结构，从综合到具体的指标。

2. 指标构建及内涵

管控指标体系用于分析各单位生产项目管理的总体情况，考核生产项目管理工作以及评价其生产项目管理水平。管控指标由归口管理部门负责制定和修订，每个指标由定义、计算方法、权重（分值）、计算原则、统计周期等内容组成。生产项目管控指标体系由关键指标与任务指标两部分构成，其中关键指标占比60%，任务指标占比40%。各指标具体构成见表7-3。

管控指标体系构成　　　　　　表7-3

管控指标	作用	具体指标
关键指标（60%）	用于统计各单位生产项目年度目标完成情况	可控成本预算完成率（40%）
		转固金额完成率（10%）
		长期挂账项目清理率（10%）
任务指标（40%）	统计各单位月度（季度）或年度生产项目管理工作完成情况	生产项目形象进度（4%）
		生产项目里程碑计划准确性（4%）
		合同签订及时率（4%）
		框架合同使用率（4%）
		日常修理项目真实形象进度（4%）
		生产项目主动管控模块使用率（4%）
		技改项目在建工程余额/年度投资计划（4%）
		三库协同使用率（4%）
		大修技改项目资金使用率（4%）
		标准签证应用率（4%）

(1) 关键指标评价

1) 生产成本预算完成率。生产成本预算完成率＝各单位生产成本实际支出／生产成本预算金额。

目标及考核规则：结合费用特点，对生产成本中生产修理费、材料费、试验费、委托运行费等四类分别设置月度目标值。总得分40分，任意一项未完成或超100%扣10分。

2) 转固金额完成率。转固金额完成率＝已转固金额／目标转固金额。

目标及考核规则：设置月度均衡考核值。未完成扣10分。

3) 长期挂账项目清理率。长期挂账项目清理率＝累计已清理长期挂账项目数／长期挂账总项目数。

目标及考核规则：设置月度均衡考核值。未完成扣10分。

说明：关键指标满分值60分，对于不涉及的考核项，如部分单位无委托运行或长期挂账项目，该项分值为0，并将总分按照60分折算。

(2) 专项任务评价

1) 生产项目形象进度。生产项目形象进度＝累计完成的投资额／年度总投资。

目标及考核规则：设置月度均衡考核值。未完成扣4分。

2) 生产项目里程碑节点计划准确性。不准确性＝超期的节点个数。

目标及考核规则：生产项目全部里程碑节点均在计划内。总得分4分，一个节点超期扣0.5分，扣至0分为止。

3) 合同签订及时率。不及时性＝超期未签订的合同个数。

目标及考核规则：全部合同均在节点计划内签订。总得分4分，一项合同超期扣1分，扣至0分为止。

4) 框架合同使用率。合同使用率＝合同已使用金额／总金额。

目标及考核规则：合同使用率≤（已使用月份／总月份数）。总得分4分，一个合同使用率超标扣0.5分。

5) 日常修理项目真实形象进度。真实形象进度＝$\sum$各项目累计使用金额（含施工、甲供物资、造价审核费等）。

目标及考核规则：设置月度均衡考核值。未完成扣4分。

6) 生产项目主动管理模块使用率＝系统问题库归档资金／［大修年度预算（万元）＋技改年度投资（万元）］。

目标及考核规则：总得分4分，由小到大，第一名0分，第二名0.5分，第八名后全部4分。

7）技改项目在建工程余额／年度投资计划。

目标及考核规则：降低在建工程余额。总得分 4 分，由大到小，第一名 0 分，第二名 0.5 分，第八名后全部 4 分。

8）三库协同使用率。使用率＝已使用三库协同大修技改项目数／申请大修技改项目数。

目标及考核规则：促进三库协同的使用。总得分 4 分，由小到大，第一名 0 分，第二名 0.5 分，第八名后全部 4 分。

9）大修技改项目资金使用率。使用率＝已结算资金／年度预算（投资）。

目标及考核规则：总得分 4 分，任意一项未完成扣 2 分。

10）标准签证应用率。签证应用率＝标准签证数目／总签证数目。

目标及考核规则：促进标准签证的使用。总得分 4 分，由小到大，第一名 0 分，第二名 0.5 分，第八名后全部 4 分。

说明：专项指标满分值 40 分，对于不涉及的考核项，该项分值为 0，并将总分按照 40 分折算。

过程评价总计得分＝关键指标得分＋专项指标得分。

3. 应用实际展示

（1）综合得分

生产项目过程评价综合得分从高到低排列，A 供电局得分最高，为 52.1（图 7-3）。

（2）关键指标

1）生产成本预算完成率完成情况

材料费、修理费、试验费、委托运行费各项得分详见图 7-4，年度综合得分 15 分。

2）转固金额完成率完成情况

除 3 月得分为 0，其余月份均为满分值 10 分（图 7-5）。

3）长期挂账项目清理率完成情况

不涉及长期挂账项目，该项得分为 0，总得分进行折算（图 7-6）。

（3）专项任务

1）生产项目形象进度完成情况

除 3 月得分为 0，其余月份均为满分 4 分，综合得分 3.3 分（图 7-7）。

序号	实施单位	核心指标评分	专项任务评分	奖励分	处罚分	评价总分	附件
01		26	26.1	0	0	52.1	评分详情
02		26.7	24.6	0	0	51.3	评分详情
03		25	23.6	0	0	48.6	评分详情
04		40	3.9	0	0	43.9	评分详情
05		36	3.4	0	0	39.4	评分详情
06		36	2.8	0	0	38.8	评分详情
07		34	3.7	0	0	37.7	评分详情
08		34	3.7	0	0	37.7	评分详情
09		32	3.8	0	0	35.8	评分详情
10		30	4.2	0	0	34.2	评分详情

图 7-3　生产项目过程评价各单位综合得分情况

生产成本预算完成率

类型名称	3月	4月	5月	6月	7月	8月	9月	10月	11月	12月
材料费（预算）	10.00%	15.00%	25.00%	45.00%	48.00%	55.00%	72.00%	75.00%	90.00%	100.00%
材料费（实际）	0	29.33%	29.33%	26.86%	27.93%	0	0	0	0	0
修理费（预算）	1.00%	10.00%	12.00%	35.00%	36.00%	38.00%	60.00%	62.00%	85.00%	100.00%
修理费（实际）	0	18.60%	19.07%	55.01%	60.55%	0	0	0	0	0
过度费（预算）	0	10.00%	10.00%	10.00%	30.00%	30.00%	30.00%	30.00%	75.00%	100.00%
过度费（实际）	0	0.00%	0	8.26%	8.26%	0	0	0	0	0
委托运行（预算）	0	10.00%	10.00%	35.00%	35.00%	35.00%	60.00%	60.00%	85.00%	100.00%
委托运行（实际）	0	1.22%	10.02%	30.49%	30.54%	0	0	0	0	0
累计预算	20分	20分	30分	30分	30分	40分	0分	0分	0分	0分
每月得分	20分	20分	30分	10分	10分	0分	0分	0分	0分	0分

计分规则：总得分40分，任意一项未完成或超100%扣10分。

图 7-4　年度综合得分

转固完成率

类型名称	3月	4月	5月	6月	7月	8月	9月	10月	11月	12月	年度综合得分：6.7
转固完成率（标准）	5.00%	10.00%	20.00%	30.00%	40.00%	50.00%	65.00%	75.00%	85.00%	100.00%	
转固完成率（实际）	0	36.50%	38.50%	82.10%	100.50%	0	0	0	0	0	
累计扣分	10分	10分	10分	10分	10分	10分	0分	0分	0分	0分	
每月得分	0分	0分	0分	0分	0分	0分	0分	0分	0分	0分	

计分规则：总得分10分，任意一项未完成扣10分。

图 7-5 转固金额完成率完成情况

长期挂账项目清理

类型名称	3月	4月	5月	6月	7月	8月	9月	10月	11月	12月	年度综合得分：0
清理率（标准）	10.00%	20.00%	30.00%	40.00%	50.00%	60.00%	70.00%	80.00%	90.00%	100.00%	
清理率（实际）	0	—	—	—	0	—	0	0	0	0	
累计扣分	0分	0分	0分	0分	0分	0分	0分	0分	0分	0分	
每月得分	0分	0分	0分	0分	0分	0分	0分	0分	0分	0分	

计分规则：总得分10分，没有长期挂账项目的单位直接每月均完成100%。

图 7-6 长期挂账项目清理完成情况

生产项目形象进度

类型名称	3月	4月	5月	6月	7月	8月	9月	10月	11月	12月	年度综合得分：3.3
投资（标准）	10.00%	20.00%	30.00%	40.00%	50.00%	60.00%	70.00%	80.00%	90.00%	100.00%	
投资（实际）	0	49.56%	82.35%	93.04%	93.11%	93.11%	0	0	0	0	
修改	0	51.22%	58.71%	67.18%	74.78%	74.78%	0	0	0	0	
累计扣分	4分	4分	4分	4分	4分	4分	0分	0分	0分	0分	
每月得分	0分	0分	0分	0分	0分	0分	0分	0分	0分	0分	

计分规则：总得分6分，任意一项未完成扣2分。

图 7-7 生产项目形象进度完成情况

2）生产项目里程碑节点计划准确性完成情况

8月，均无里程碑节点超期，此项得分为满分值4分（图7-8）。

3）合同签订及时率完成情况

8月，合同签订及时率得分为4分（图7-9）。

4）框架合同使用率完成情况

8月，各单位框架合同使用率均得满分4分（图7-10）。

5）日常修理项目真实形象进度完成情况

前3个月得分为满分4分，后3个月得分0分，综合得分2分（图7-11）。

6）生产项目主动管理模块使用率完成情况

该项得分为0分（图7-12）。

7）技改项目在建工程余额／年度投资计划完成情况

3月0分，4月1分，5、6、7月得满分4分，全年综合得分2.2分（图7-13）。

8）三库协同使用率完成情况

三库协同使用率综合得分为0（图7-14）。

9）大修技改项目资金使用率完成情况

大修资金使用率不涉及，技改资金使用率满分2分（图7-15）。

10）标准签证应用率完成情况

标准签证应用率均得满分4分（图7-16）。

生产项目里程碑节点计划准确性

类型名称	3月	4月	5月	6月	7月	8月	9月	10月	11月	12月
累计节点（个）	44	48	49	78	78	78	0	0	0	0
超期节点（个）	0	0	0	0	0	0	0	0	0	0
累计得分	0分	0分	0分	0分	0分	0分	0分	0分	0分	0分
每月得分	4分	4分	4分	4分	4分	4分	0分	0分	0分	0分

年度综合得分：4.0

计分规则：总减分4分，一节点超期扣0.5分，扣至0分为止。

图 7-8 生产项目里程碑节点计划准确性完成情况

合同签订及时率

类型名称	3月	4月	5月	6月	7月	8月	9月	10月	11月	12月
累计合同（个）	0	0	0	0	0	0	0	0	0	0
超期合同（个）	0	0	0	0	0	0	0	0	0	0
累计得分	0分	0分	0分	0分	0分	0分	0分	0分	0分	0分
每月得分	4分	4分	4分	4分	4分	4分	0分	0分	0分	0分

年度综合得分：4.0

计分规则：总减分4分，一合同超期扣1分，扣至0分为止。

图 7-9 合同签订及时率完成情况

框架合同使用率

类型名称	3月	4月	5月	6月	7月	8月	9月	10月	11月	12月
框架合同（个）	0	0	0	0	0	0	0	0	0	0
超标合同（个）	0	0	0	0	0	0	0	0	0	0
累计得分	0分	0分	0分	0分	0分	0分	0分	0分	0分	0分
每月得分	4分	4分	4分	4分	4分	4分	0分	0分	0分	0分

年度综合得分：4.0

计分规则：总减分4分，一合同使用率超标扣0.5分。

图 7-10 框架合同使用率完成情况

日常修理项目真实形象进度

类型名称	3月	4月	5月	6月	7月	8月	9月	10月	11月	12月	年度综合得分：2.0
修理（标准）	10.00%	20.00%	30.00%	40.00%	50.00%	60.00%	70.00%	80.00%	90.00%	100.00%	
修理（实际）	32.82%	34.39%	34.95%	35.07%	35.07%	35.07%	0%	0%	0%	0%	
累计扣分	0分	0分	0分	0分	0分	0分	0分	0分	0分	0分	
每月得分	4分	4分	4分	4分	4分	4分	0分	0分	0分	0分	

计分规则：总得分4分，在每一项未完成扣1分。

图 7-11 日常修理项目真实形象进度完成情况

生产项目主动管理模块使用率

类型名称	3月	4月	5月	6月	7月	8月	9月	10月	11月	12月	年度综合得分：0.0
系统同期项目数据查（例）	3378.00	3582.00	3875.00	3915.00	3962.00	3962.00	0.00	0.00	0.00	0.00	
大修年度预算（万元）	0.00%	0.00%	0.00%	0.00%	0.00%	0.00%	0.00%	0.00%	0.00%	0.00%	
生产项目主动管理模块使...	0分	0分	0分	0分	0分	0分	0分	0分	0分	0分	
每月得分											

计分规则：总得分8分，由小到大，第一名0分，第二名0.5分，第八名后全部0分。

图 7-12 生产项目主动管理模块使用率完成情况

在建工程余额/年度投资计划比

类型名称	3月	4月	5月	6月	7月	8月	9月	10月	11月	12月	年度综合得分：2.2
年度投资计划（万元）	0.00	204.00	497.00	537.00	584.00	584.00	0.00	0.00	0.00	0.00	
在建工程余额（万元）	0.00	808.00	808.00	0.00	0.00	0.00	0.00	0.00	0.00	0.00	
技改项目在建工程余额/年...	0.00%	394.00%	162.00%	0.00%	0.00%	0.00%	0.00%	0.00%	0.00%	0.00%	
每月得分	0分	1分	4分	4分	4分	4分	0分	0分	0分	0分	

计分规则：总得分8分，由大到小，第一名0分，第二名0.5分，第八名后全部0分。

图 7-13 技改项目在建工程余额/年度投资计划完成情况

三库协同使用率

年度综合得分：0.0

类型名称	3月	4月	5月	6月	7月	8月	9月	10月	11月	12月
申请大修技改项目数（例…）	0	0	0	0	0	0	0	0	0	0
已使用三库协同大修技改	0	0	0	0	0	0	0	0	0	0
三库协同使用率	0	0	0	0	0	0	0	0	0	0
每月得分	0分	0分	0分	0分	0分	0分	0分	0分	0分	0分

计分规则：总得分4分，第一名0分，第二名0.5分，第八名后全部4分。

图 7-14 三库协同使用率完成情况

大修技改项目资金使用率

年度综合得分：3.3

类型名称	3月	4月	5月	6月	7月	8月	9月	10月	11月	12月
大修（标准）	0	0	0	30.00%	30.00%	30.00%	60.00%	80.00%	90.00%	100.00%
大修（实际）	/	/	/	/	/	/	/	/	/	/
技改（标准）	5.00%	10.00%	20.00%	30.00%	40.00%	50.00%	65.00%	80.00%	90.00%	100.00%
技改（实际）	0	10.42%	65.76%	59.83%	65.26%	0	0	0	0	0
累计扣分	0.0分	0.0分	0.0分	0.0分	0.0分	0.0分	0.0分	0.0分	0.0分	0.0分
每月得分	2.0分	2.0分	2.0分	2.0分	2.0分	2.0分	0.0分	0.0分	0.0分	0.0分

计分规则：总得分4分，任意一库未完成扣2分。

图 7-15 大修技改项目资金使用率完成情况

标准签证率

年度综合得分：4.0

类型名称	3月	4月	5月	6月	7月	8月	9月	10月	11月	12月
总签证数（个）	518	693	1040	1237	1334	1334	0	0	0	0
标准签证数（个）	270	386	621	746	766	766	0	0	0	0
标准签证率	52%	55%	59%	60%	57%	57%	0	0	0	0
每月得分	4分	4分	4分	4分	4分	4分	0分	0分	0分	0分

计分规则：总得分4分，由小到大，第一名0分，第二名0.5分，第八名后全部4分

图 7-16 标准签证应用率完成情况

（二）生产项目管理回顾

1. 编制生产项目管理工作总结

项目归口管理部门生产项目管理人员组织各项目实施单位生产项目管理人员每年 1 月完成上一年度生产项目管理工作自我总结评价，重点对项目总体开展情况、主要投入方向、工作成效（亮点工作）、存在问题等开展分析回顾，编制年度工作总结和下一年度工作计划，并上报项目归口管理部门备案。

2. 编制生产项目后评价报告

项目归口管理部门人员组织各项目实施单位生产项目管理人员每年 1 月完成上一年度生产项目总体后评价工作：一是结合整体成本、项目整体管控和运作实施进行后评价，为后续项目的优选、标准的制定提供支撑。二是开展生产项目与生产指标逻辑关系分析，结合任务库内容，项目归口管理部门联合运监中心对各单位生产项目投入方向和安全生产评价情况开展后评价分析。项目实施单位后评价报告可通过生产项目管理工作总结体现，也可形成独立报告报项目归口管理部门备案。主要内容包括但不限于：

（1）修理项目：

1）修理项目后评价内容包括项目立项时预设目标与实际结果的比较，为未来的修理项目决策提供经验和教训，实现投资项目的最优控制。

2）建立设备质量、施工质量反馈机制，每年应统计未到设备报废年限的技改项目或仍在质保期内但由于设备本身质量问题开展的修理项目，将存在的问题反馈至物资采购或基建施工环节。

3）项目实施单位根据实际情况，抽取部分已投运半年以上的项目进行后评价。

（2）技改项目：

主要围绕两个问题：一是项目建设过程规范与否；二是项目运行绩效如何。因此，电力技术改造项目的后评价指标体系由项目建设过程评价和项目运行效果评价两个一级指标组成，指标体系总分为 100 分，按照指标打分规则得出各级指标分数，判断项目是否成功。评判标准为：80 分（含）及以上为成功，60 分（含）到 80 分为基本成功，60 分以下为不成功。评价标准见附录 4。

（三）年度总结报告示例

示例见图 7-17、图 7-18。

**供电局 2022 年生产项目管理工作总结

一、2022 年项目总体情况

（一）生产技改项目情况

2022 年生产技改项目总数为___个，年度计划投资__万元，总体形象进度__%，年度资金支付率__%。各实施部门的详细情况如表 1 所示。

表 1：2022 年生产技改项目完成情况

单位	项目数	年度投资（万元）	年度形象进度投资（万元）	年度支付资金（万元）	备注
变电所					
输电所					
xx 局					
……					
合计					

（二）其他技改项目情况

2022 年其他技改项目总数为___个，年度计划投资__万元，总体形象进度__%，年度资金支付率__%。各实施部门的详细情况如表 2 所示。

表 2：2022 年其它技改项目完成情况

单位	项目数	年度投资（万元）	年度形象进度投资（万元）	年度支付资金（万元）	备注
变电所					
输电所					
xx 局					
……					
合计					

（三）生产成本投入及修理项目情况

2022 年全局生产成本投入_____亿元，其中生产修理费用___亿元，占生产类固定资产原值的__%。各实施部门的详细情况如表 3 所示。

表 3：2022 年生产成本费用预算

单位	生产修理（万元）	材料费（万元）	委托运行维护（万元）	试验检验（万元）	四项费用合计（万元）	生产类固定资产原值（万元）	生产修理费占资产原值比例
变电所							
输电所							
xx 局							
……							
合计							

【说明：表中填实际支付金额，生产修理指的是"生产及非生产修理"】

2022 年生产修理项目总数为___个，年度计划投资__万元，总体形象进度__%，年度资金支付率__%。各实施部门的详细情况如表 4 所示。

表 4：2022 年生产修理项目完成情况

单位	项目数	年度投入（万元）	年度形象进度投入（万元）	年度支付资金（万元）	备注
变电所					
输电所					
xx 局					
……					

图 7-17　年度总结报告示例 1

为满足安全生产需求，确保电网安全稳定运行，主要以如下几方面作为 2022 年修理重点投入方向：

1、……。

2、……。

3、……。

4、……。

年度安排修理费投入具体比例如表 8 所示。

表 8：2022 年生产修理项目投放方向

序号	项目分类	年度支付资金（万元）	资金占比
1	变电一次设备维修		
2	发电设备维修		
3	线路维修		
4	配电设备维修		
5	二次设备维修		
6	生产场所、设施维修		
7	带电作业		
8	办公场所维修		
9	车辆维修		
10	仓库维修		
11	教培基地维修		
12	其他		
合计			100%

注：包含大修项目及日常维护项目。

三、2022 年大修技改取得的效益

通过……，主要成效如下：

（一）电网、设备、人身等风险防控方面的成效……

（二）落实反事故措施方面成效……

（三）落实防范重大自然灾害等方面成效……

（四）落实公司数字化转型生产域行动计划方面成效……

（五）其他成效……

四、生产项目管理工作开展情况

（一）落实 2022 年设备运行方案方面……

（二）项目管理成效方面（包括在建项目变更及设计变更率、年度增资转固率、资产报废净值率指标情况）……

单位	设计变更率（次/亿元）【含设计变更、项目变更】			年度增资转固率（%）			固定资产退役报废净值率（%）		
	2022	2020	同比	2022	2020	同比	2022	2020	同比
xx 供电局									

（三）建设周期超 3 年的在建项目管控方面……

（四）严防生产项目廉洁风险管控方面（包括"四虚"问题专项整治工作；2022 年规范化检查发现问题整改情况（另附）……

（五）其他工作亮点……

五、2022 年大修技改工作存在的主要问题

（一）……

（二）……

（三）……

六、2023 年工作安排

（一）2023 年生产项目初步安排情况

图 7-18　年度总结报告示例 2

（四）生产项目评价实践

承包商评价实践案例如图 7-19～图 7-21 所示。

2022 年生产技改修理项目检查报告

按照年度工作安排，为进一步规范电网企业生产技改修理项目管理，督促基层单位落实各项规章制度，归口管理部门于 2022 年组织开展了生产技改修理项目规范性检查。检查主要情况如下：

一、总体情况

本次检查结合"四虚"典型问题自查自纠的工作和要求同步开展，第一阶段是各项目单位按照"四虚"典型问题自查自纠的工作要求开展自查，第二阶段是归口管理部门组织，从全局抽调了 35 名专家，分成四个检查组，对全局的运行单位进行了检查，并由各单位根据本次检查发现的共性问题进行自暴露和整改。

检查发现，受检单位生产技改修理项目实施管理总体情况良好，各单位能严格执行各项管理制度，积极加快生产项目实施，合理安排工程实施计划，狠抓生产项目过程管控，认真落实各级检查发现问题的整改措施，项目管理规范化水平持续提升。

但在检查过程中也发现部分单位在立项资料、项目实施管理、竣工验收管理、结算管理和造价方面，仍然存在一些问题。本次检查发现各类典型问题共 230 个，其中立项资料方面 30 个，项目实施管理方面 42 个，竣工验收管理方面 116 个，结算管理方面 15 个，造价方面 27 个。上述问题中涉及"四虚项目"的共 57 个。

图 7-19　生产项目检查报告

2022 年生产技改修理项目规范化检查发现问题清单

序号	项目名称	项目建设单位	项目类型	存在问题	问题分类	问题环节
1	A 单位辖变电站内建筑物维修	A 单位	生产类建筑物维修	某地更换 9 道不锈钢门在第一季度、第二季度重复签证	虚假结算	结算
2	B 变电站建筑大修及新建板房	A 单位	生产类建筑物维修	全站铝扣板吊顶安装未减和灯具面积 0.6m×0.6m 共计 99 个。主控室楼：二楼：站长室 4 个、打印机房 1 个、监控室 6 个、窗会 4 个、二楼通道 4 个；三楼：办公室 15 个、更衣室 4 个、休息室 4 个、会议室 6 个、打印机房 1 个、通道 2 个。旧电容器楼：一楼餐厅加厨房 24 个，二楼办公室 12 个，通道 2 个，资料室 2 个，会议室 2 个，班长室 2 个。未扣二楼空调位置 0.8m×0.8m 共 3 段。多计工作量	虚假验收	验收
3	C 变电站等多座变电站场地及给排水系统大修	A 单位	生产类建筑物维修	存在问题： 1、该项目签证单多次列计起挖灌木、收复原有灌木，一方面工程量重复，另一方面从工艺上看，该项目与场地基础硬化，不需要挖走及重新栽种场地内的灌木丛。 2、各变电站花基筑物在签证单列计"回填土、人工夯实"的工程量不合理，种植灌木、绿植不应有人工夯实地基的工作。 3、各站施工签证单均计列施工安全围蔽设施动式护栏的项目，内容应为安全文明措施费计算费用，不应重复签证。 简村站： 1、签证单列计起挖灌木、收复原有灌木 10 丛工程量不实，现场未发现有种植该类灌木。 2、签证单列计"软挖除有绿露地花卉（高度 60cm 的）496.69m²"，经现场询问工作人员，实为翻草。 3、签证单列计"地面修复贴新广场砖 9.28m²"，经现场核实实际为材料旧补。 乌实站： 1、签证单列计"租挖 10t 自卸汽车外运软债的绿化、树木 2 台班"，经现场核实，实际为清运 45.5m×1.2m 围墙草青撒外运，租货汽车偏大。 2、签证单列计风机启动开关、继电器、交流接触器应属风机配件，不应单独列计。 南禹站： 1、签证单列计"楼地面防尘保护捕编织布 183.7m²"，该项工作为排水沟、围墙草地清理，无该项工作。 2、签证单列计"二、混凝土地面修复"，经现场核实实际工程量不实，无该项工作，不应铺设防尘编织布，工程量不实。 3、签证单列计"机械切割脱地面 39.54m"，现场核实为 11.7m。	虚假验收	验收
4	C 变电站雨污分流达标整治抢修	B 单位	抢修项目	《表 B.0.2 工程开工报审表》开工条件均未勾选，资料不完善	举一反三其他问题	实施
5	D 单位所辖变电站电缆通道检修	C 单位	其他日常维修	项目申请书内容不满足要求	举一反三其他问题	立项
6	D 单位所辖变电站空调系统维修	C 单位	其他日常维修	维护单位未按合同要求根据实际工程量结算，第 1～3 季度多结算	虚假结算	结算
7	B 单位所辖变电站交直流电源系统维修	B 单位	其他日常维修	签证未盖骑缝章，未充分体现对每页签证的确认	举一反三其他问题	验收

图 7-20　生产项目承包商问题清单

```
编号：YX20220708
```
施工承包商一般事项资信评价扣分、违约扣罚记录单

　　A单位（承分包商名称）：_____
　　你单位所承接的 ×××维修 工程，于 ××年 1 月至今，在 辖区内 （工作地点）进行 结算工程量签证 （工作内容）存在以下问题：
　　问题一：工程量签证未按甲方要求的时间节点进行报送，进度款结算支付未在规定时间内完成；
　　问题二：现场作业前未做好现场勘查，乙供材料使用前未经项目负责人同意，因材料尺寸无法与现场设备匹配，导致影响施工进度；
　　问题三：更换条形开关的作业进度极度滞后，经甲方多次督促后仍未改进。
　　触发广州供电局施工承包商资信评价一般事项扣分的行为。按照《广州供电局生产项目承包商管理业务指导书》FB3：生产项目承包商履约评价考核评分表（含施工类）中**一般扣分项**相关内容：
　　一、第4点"如完工的工程量未能按合同约定如期完成签证、支付，可扣10-40分。"，给予该单位扣 10 分；
　　二、第2点"如发生因承包商原因导致的施工质量问题，每次可扣1-5分。"，给予该单位扣 3 分；
　　三、第9点"如履约阶段出现关键施工人员配置与投标文件、合同文件不相符或其他人员配置不到位的情况，每次可扣5-20分。"，给予该单位扣 10 分。
　　综上所述，本次共给予该单位扣 23 分。
　　触发《××××合同》相关违约行为。按照《××××合同》约定的违约扣罚相关内容：/，在合同结算金额中扣除罚款 / 元。
　　其他事项：/
　　以上问题必需在 5 日内整改完毕，并书面报业主单位复查。

　　业主单位：_____（盖章）　××年×月××日

注：1.具体情况的未尽事宜详见附页（照片、资料等材料可粘贴在附页中）。
　　2.本记录单由项目实施单位保存三年。
附页：_____

第一联　检查单位存

图 7-21　生产项目承包商扣罚记录

三、效益后评价

项目效益后评价是项目完成后对经济效益和社会效益的再评价，是项目后评价的重要内容，通过对已经完成的项目效益按照生产项目管理业务指导书体系进行系统客观分析，以核实项目预期主要效益指标是否实现，进而分析项目从规划、实施到运行整个过程的经验和教训，相关内容在项目后评价报告中体现，为后续项目决策科学化、合理化，效益最大化提供依据。

（一）经济效益

电网建设项目经济效益后评价指电网项目完成后的经济效益的再评价。它是以项目投产后的实际数据为基础，重新预测并计算出各项主要效益指标，然后将它们同项目前评价预测的指标或其他电网项目的指标进行对比，分析偏差情况及其原因，吸取经验教训，以便为提高项目的实际经济效益和制定有关计划服务。

从评价角度的不同来分，电网经济后评价包括两项主要内容：财务后评价和国民经济后评价。财务后评价是从电力企业角度出发，计算并分析电力企业的实际财务评价指标，对前评价中的财务评价重新做出评价，吸取其经验教训，提高今后项目财务预测水平和项目微观决策科学化水平。国民经济后评价是从整个国民经济乃至全社会角度出发，对电网的经济效益和社会效益进行评价。

经济效益后评价工作的目的在于分析和评价项目投产后的项目实际经济效益指标与预测指标的偏差大小及偏差产生的具体原因，并从中吸取成功经验，总结项目建设过程中的教训，进而提高其他类似项目在今后投资过程中的决策质量。

（二）社会效益

社会效益后评价是对项目建成和竣工验收之后的项目建设所带来的社会效益进行评估，是前期评估的完善及验证，是项目建设实现科学管理的重要组成部分，是项目建设技术经济评估体系中的重要环节。关于建设项目社会效益后评价的含义，到目前为止国内外还没有统一的认识。是因为在进行社会效益后评价时，针对不同的评价对象，评价的内容也各异。

"人们对所从事的社会活动或者社会行为所引起的社会效果的分析评价。社会效益后评价可以从社会稳定、就业、福利、政治、国防、道德、文化以及自然、资源、环境、生态等方面进行评价"，这是《现代管理技术经济词典》一书中由董福忠所给出的社会效益后评价的定义。"建设项目社会效益后评价是分析建设项目对于实现人类发展目标，包括促进人类文明进步、社会经济发展和环境保护所做的贡献与影响的活动"，这是由国家发展改革委投资研究所、住房和城乡建设部标准定额研究所社会评价课组在《投资项目社会评价指南》中所提出的观点。"项目的社会效益后评价是指，由于项目建设与改造，对社会经济、自然资源、社会环境、生态环境等多方面造成的直接和间接、有形和无形、短期和长期的社会效益与影响分析"，这代表了一部分学者对社会效益后评价的定义。而大部分研究者认为"社会效益后评价是将社会学理论和方法应用到具体的项目中，项目将会被看作是社会系统中的一部分，在注重项目自身效益的同时，也要考虑到项目对地区发展的影响，要从多个方面对项目的效益进行分析研究"。项目的社会效益后评价是对项目实现国家或地方社会发展目标所作出的贡献和产生的影响进行系统性评价，主要分析项目所带来的生态环境的影响、经济增长速度的贡献、带动本地劳动就业、科技进步、社会变革等方面的内容。项目的社会效益后评价主要包括以下四个方面内容：社会环境的影响、自然和生态环境的影响、自然资源的影响和社会经济的影响，其中最主要的内容是社会经济的贡献及影响。

第八章

生产项目 5E 全过程管理中应用案例分析

第一节　基于生产项目 5E 全过程管理的精细化管控机制应用案例分析

第二节　Y 县区供电局生产成本投入产出分析报告

第一节　基于生产项目 5E 全过程管理的精细化管控机制应用案例分析

一、前言

某电网企业辖区内现有 10kV 公用线路约 1000 回，总长约 6300km，架空线约 800km，电缆线路约 5500km，该地区配电网主要以电缆为主，占比 87%。专用线路约 120 回，总长约 600km，配电自动化终端约 4500 台，自愈馈线约 900 回。配电房约 14000 座，公用变压器约 8600 台，总容量约 500 万 kV·A。

生产项目作为对电网设备及其配套的附属设施、生产建筑、工器具、仪器仪表、生产车辆等进行更新、改造、完善的重要支撑，2021 年该局生产技改投入约 1000 万元，生产成本投入约 10000 万元，有效保障了电网安全稳定可靠运行，生产领域关键指标稳中有升。

二、应用背景及目标

应用背景：随着电网智能转型不断加快、非核心外委需求不断增加、规范化管理要求不断提高，生产项目管理领域仍存在一系列亟待解决的突出问题，如立项策划环节精细化不足、实施过程监控力度不够、技改修理项目"四虚"（虚列项目、虚高价格、虚假验收、虚假结算）问题突出等，迫切需要加强生产项目全过程规范化管理，推进生产领域高质量发展。

工作目标：以坚持问题导向、目标导向和责任导向，遵循生产项目 5E 全过程管理创新理念，打造生产项目精细化管控机制，形成可复制、可推广的经验，并重点围绕策划环节、实施环节及结算环节进行持续优化。

三、具体做法

基本思路：以生产问题为导向，以规范管理为抓手，基于 5E 全过程管理体系，重点聚焦如何在有限的资源分配规模下实现生产项目最大的投入效益，切实解决存量设备运维问题，确保电网安全稳定可靠运行，生产领域关键指标稳中有升。

（一）策划环节更加科学经济（Economy），率先开展生产领域"四库协同"应用

存在问题：生产项目存在点多面广、需求不平衡、专业差异大等特征，且面

临投资不稳定、成本压降等形势。

具体措施：该供电局开展基于两级生产指挥中心的任务库—问题库—储备库—项目库的立项决策机制，由上级专业部门策划反措、重点隐患处理、专项任务等各类任务形成任务库，配电部围绕任务策略库指导供电所在日常巡视、专项排查、隐患治理等工作中梳理全量、动态更新的问题库，分层分级进行日常修理派工和大修项目储备，确保项目精准实施，并根据协同计划库进一步梳理项目申请储备入库，进一步提升项目自上而下的统筹性和完善性，并对已出库的项目进度进行持续跟踪，力争"应修尽修、应改尽改"，形成生产项目统筹管理、上下联动、动态更新的管理模式（图8-1、图8-2）。

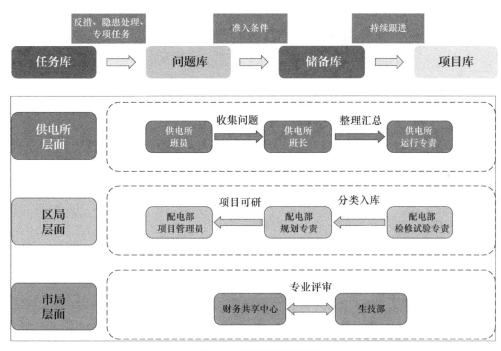

图 8-1　策划环节流程图

申请单位	合计	风险管控及隐患治理				南网反事故措施要求进行的改造	设备基本运维	配网提升
		设备运行安全风险	电网安全运行风险	涉电公共安全风险	作业人员人身安全风险			
A供电所	688	601	5	75	0	2	5	0
B供电所	430	2	234	78	4	101	11	0
C供电所	159	63	2	18	76	0	0	0
D供电所	88	8	19	11	45	5	0	0
E供电所	57	5	31	12	9	0	0	0
F供电所	28	0	5	0	17	6	0	0
G供电所	25	4	10	7	0	2	0	2
H供电所	19	0	12	7	0	0	0	0
小计	1494	683	318	208	151	116	16	2

图 8-2　风险管控及隐患治理

（二）实施环节更加平稳均衡（Equilibrium），生产项目管理 APP 推广及优化试点单位

存在问题：生产项目建设需求增加与管理人员不足的矛盾日益突出，传统纸质派工单和签证单流转效率低、易出错、进度管控不清晰。

具体措施：该供电局作为试点单位，有效梳理优化了生产项目管理流程，并通过生产项目管理APP实践，实现了对生产项目事后监督向事中管控的转变，利用现有模块，制定该供电局生产项目管理APP管控流程（图8-3），监督人员能够实时查看线上签证情况并在季度结算前及时预警签证中的"四虚"问题，强化职能监督管控的穿透力，及时避免可能产生的项目合规性问题和企业经营损失。承接生产项目管理 APP 优化工作，实现缺陷单识别、PC 端批量派工、签证信息录入等功能，进一步提高 APP 的实用性及便捷性，工作效率提升 50%。

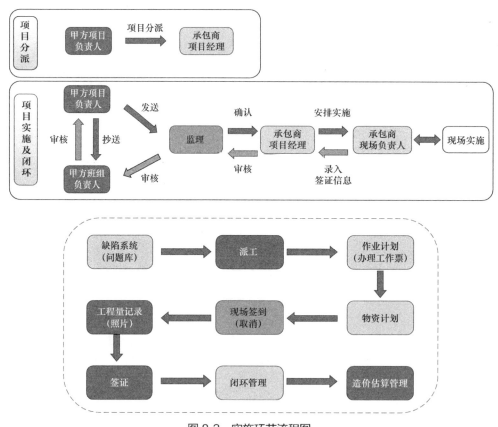

图 8-3　实施环节流程图

（三）结算环节更加准确及时（Exactness），首创精细化项目全过程管控模式

存在问题：生产项目管理、策划和组织人员明显不足，项目实施主要依

托一线班组人员开展，但班组人员项目管理水平不高、规范化意识不强，对成本管控、结算流程、"四虚"问题等无清晰概念，纪律意识和规矩意识有待增强，成本完成率异常（未达标或超额）、扎堆签证、跨季度结算、虚增工程量等问题屡禁不止，亟须通过优化管控机制进一步提升生产项目规范化管理水平。

具体措施：加强生产项目规范化管理，结合最新管控要求，不断探索并优化生产项目管理模式。2022年组织编写并印发《配网生产修理项目规范化管控流程》《配网生产项目物资管理流程》《生产项目规范化管理工作指引》等多项规范化管控流程指引，进一步完善生产项目合规管理。此外，该供电局立足规范，进一步提高全过程管控力度，重点推进以下3项措施：

（1）首次尝试根据各供电所设备量、往年项目完成情况及新增需求，将成本进行分解，责任到所，每月定期通报各供电所各个项目资金完成情况，落实主体责任，强化责任意识，确保本年度各考核节点指标顺利完成（图8-4、图8-5）。

序号	项目名称	截至XX月XX日形象进度（含税，按扣除下浮率后计算）											备注
		A供电所			B供电所			C供电所			...			
		预算	完成资金	形象进度	预算	完成资金	形象进度	预算	完成资金	形象进度	预算	完成资金	形象进度	
	合计	628.50	587.51	93.50%	687.00	639.64	93.10%	616.90	595.43	96.50%	...	...	...	
1	A项目	110.00	101.43	92.21%	38.00	35.69	93.93%	195.00	190.43	97.66%	...	...	...	
2	B项目	167.00	162.02	97.02%	194.00	187.86	96.83%	221.00	212.75	96.27%	...	...	...	
3	C项目	185.00	183.30	99.08%	302.00	289.79	95.90%	144.00	141.70	98.40%	...	...	...	
4	D项目	24.00	23.41	97.54%	57.00	55.93	98.12%	14.00	13.92	99.44%	...	...	...	
5	E项目	4.50	3.58	79.63%	3.00	2.41	80.19%	0.90	1.00	111.11%	...	...	...	
6	F项目	30.00	17.22	57.10%	31.00	21.30	68.70%	9.00	5.84	64.93%	...	...	...	
...	...	...	...	...	...	...	...	...	...	...	...	...	...	

图8-4 进度监控表

供电所	年中调整后下达资金（万元）	完成资金（万元）	完成率（%）
合计	3545.05	3330.72	94.0
A供电所	628.50	587.51	93.5
B供电所	687.00	639.64	93.1
C供电所	616.90	595.43	96.5
D供电所	409.00	392.27	95.9
E供电所	363.00	341.35	94.0
F供电所	350.05	324.04	92.6
G供电所	192.60	172.15	89.4
H供电所	298.00	278.33	93.4

图8-5 修理项目资金完成情况

（2）编制签证滞留情况统计表，从任务完工之日起开始统计，以送至配电部检修试验班为闭环，实现签证全程跟踪，避免签证长期滞留出现验收不及时、扎堆签证、跨季度结算等问题，确保施工费"应付尽付"（图8-6、图8-7）。

滞留环节	小计	A公司	B公司	C公司	E公司
合计	87	9	7	42	29
施工单位未发起签证流程	6	0	0	5	1
待提交监理公司	3	1	2	0	0
监理公司	0	0	0	0	0
待提交供电所	17	0	2	15	0
A供电所	14	2	0	4	8
B供电所	4	1	0	2	1
C供电所	4	0	0	3	1
D供电所	1	0	0	0	1
E供电所	15	1	0	0	14
F供电所	0	0	0	0	0
G供电所	2	0	0	2	0
H供电所	2	2	0	0	0
待提交检修班	19	2	3	11	3

图 8-6　签证滞留情况统计汇总

序号	供电所	目前滞留总单数	平均滞留总天数(d)	各环节平均滞留时间 (d)					
				发起签证	提交监理	监理签字	提交供电所	供电所签字	提交检修班
	总体	87	19.61	10.45	0.94	0.37	1.39	3.77	2.77
1	A供电所	20	18.82	9.40	1.07	0.24	1.03	3.40	3.78
2	B供电所	11	17.95	9.57	0.73	0.51	1.44	2.63	3.13
3	C供电所	14	23.49	14.23	0.98	0.23	1.49	4.70	2.07
4	D供电所	4	20.02	9.84	0.80	0.29	1.71	5.55	1.91
5	E供电所	16	21.17	11.27	1.15	0.29	1.20	4.09	3.30
6	F供电所	9	17.93	8.78	1.21	0.40	1.63	3.36	2.56
7	G供电所	3	18.88	11.26	0.69	0.81	1.18	3.21	1.77
8	H供电所	10	20.20	10.46	0.75	0.26	1.66	4.77	2.56

序号	施工单位	目前滞留总单数	平均滞留总天数(d)	各环节平均滞留时间 (d)					
				发起签证	提交监理	监理签字	提交供电所	供电所签字	提交检修班
	总体	87	19.61	10.45	0.94	0.37	1.39	3.77	2.77
1	A公司	9	21.70	12.05	1.49	0.53	1.81	4.07	1.78
2	B公司	7	23.13	14.51	1.66	0.26	1.32	4.27	1.16
3	C公司	42	14.47	7.78	0.12	0.46	1.24	3.24	1.73
4	D公司	29	23.47	10.40	1.13	0.03	1.04	3.94	7.20

图 8-7　签证滞留情况统计明细

（3）打造"四虚"问题职能监督机制，常态化开展项目核查工作。通过现场核实、资料抽检等方式，针对工程量不符、施工质量差等问题核查签证 805 单，发现并整改 101 单，本年度签证问题率同比下降 45% 且上级审计未发现新增虚假验收、虚列项目等问题，项目规范性管理提升效果显著（图 8-8）。

序号	供电所	核查单数	问题单数	问题率（%）	未整改单数	整改完成率（%）
1	A供电所	154	19	12	0	100
2	B供电所	120	13	11	0	100
3	C供电所	134	27	20	0	100
4	D供电所	66	7	11	0	100
5	E供电所	92	7	8	0	100
6	F供电所	115	3	3	0	100
7	G供电所	71	13	18	0	100
8	H供电所	53	12	23	0	100
合计		805	101	13	0	100

图 8-8　生产项目签证整改统计表

四、评价环节更加有效（Effectiveness）

（一）四库协同，实现"管控精准、效益最优"

围绕任务策略库，指导供电所在日常巡视、专项排查、隐患治理等工作中常态化收集生产问题 1494 项，分层分级进行日常修理派工和大修项目储备，确保项目精准实施，本年度完成约 40 个大修项目入库，涉及总投资约 3000 万元，重点解决 7 条中压线路、22 条低压线路安全隐患问题及 170 个台架绝缘化改造问题。

（二）生产项目管理 APP 推广及优化，实现数字监督有效落地

实现对生产项目事后监督向事中管控的转变，强化生产项目全过程管控。承接生产项目管理 APP 优化工作，实现缺陷单识别、PC 端批量派工、签证信息录入等功能，进一步提高 APP 的实用性及便捷性，工作效率提升 50%。

（三）打造"四虚"问题职能监督机制，实现精细化项目全过程管控

一是根据各供电所设备量、往年项目完成情况及新增需求，进行预算分解，生产成本完成情况明显优于往年。二是实现签证全程跟踪，避免签证长期滞留出现验收不及时、扎堆签证、跨季度结算等问题，确保施工费"应付尽付"。三是

打造"四虚"问题职能监督机制，常态化开展项目核查工作。通过现场核实、资料抽检等方式，针对工程量不符、施工质量差等问题核查签证805单，发现并整改101单，本年度签证问题率同比下降45%且上级审计未发现新增虚假验收、虚列项目等问题，项目规范性管理提升效果显著。

第二节 Y县区供电局生产成本投入产出分析报告

一、现状分析

（一）Y县区电网现状

Y县区电网，呈现出"三低三高"的特点：

（1）负荷密度低，自然灾害发生率高。供电面积占本市25%，电源布点少，变电站数量仅占地市区局变电站总量5.25%；供电线路长，线路平均长度13.8km，最长线路75.5km；年平均落雷数超2.4万个，平均每年发生山体滑坡/塌方39起，均为本市最多。

（2）装备技术水平低，故障跳闸率高。线路绝缘化率42%，电缆化率仅34%，户外公变占比70%，远低于本市平均水平。10kV馈线开关跳闸率4.118次/（百km·a）（2022年），全市故障率最高。

（3）网架水平低，单次故障影响时户数高。48回10kV馈线联络点冗余，典型接线率仅80.25%，站间联络率57.40%，排名全市末尾。平均故障影响用户数和时户数在本市各县区局中均最多，达到15.77户和22.57时户，分别高出全局平均水平40%和45%。

（二）Y县区局设备量和运维力量情况

（1）设备量方面，近五年Y县区局设备量大幅提升。公用线路增加51回，增长23%；线缆总长增加1045km，增长40%；公变数量增加444台，增长16%；柱上开关增加766台，增长95%；电缆分支箱增加148台，增长64%（表8-1、图8-9）。

Y县区局设备量情况　　　　表8-1

设备类型	2019年	2020年	2021年	2022年	2023年
公线（回）	222	235	247	269	273
专线（回）	20	20	22	22	24
总数（回）	242	255	269	291	297
10kV架空线（km）	1793	2233	2279	2446	2389

续表

设备类型	2019年	2020年	2021年	2022年	2023年
10kV电缆（km）	788	942	1046	1217	1237
线缆合计（km）	2581	3175	3325	3663	3626
公变（台）	2869	3250	3267	3351	3313
专变（台）	2736	2811	3038	3368	3359
总数（台）	5605	6061	6305	6719	6672
配电房（间）	1505	1588	1844	1676	1610
柱上开关（台）	808	898	1260	1490	1574
电缆分支箱（台）	232	255	285	285	380

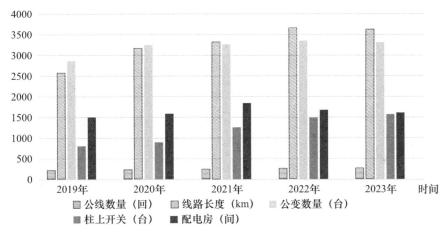

图8-9　Y县区局设备情况

（2）运维力量方面，近五年Y县区局运维人员呈下降趋势，运维人员减少13人，下降13%。全局运维力量短缺，人员工作负荷重。运维人员缺员13人，人均运维面积24km^2，人均运维架空线路28.78km，均为本市最高。电网线路外部环境复杂，用户较为分散，线路运维与客户服务需更多人力和时间，工作开展有一定难度。在科技智能手段未能充分解放生产力的情况下，亟须借助外委施工力量高效协助开展工作，不仅满足高质量发展的需求，而且可缓解一线员工安全生产压力。Y县区局人均素质当量低于全局平均水平，技术技能水平仍需提高。运维人员人均素质当量0.95，低于该地市局平均当量的1.01倍，较Y县区局平均水平相差6%（表8-2、表8-3、图8-10）。

Y县区局运维人员情况　　　　表8-2

供电所	现班组人数（人）	定员人数（人）	缺员（人）
A所	23	32.83	−10

续表

供电所	现班组人数（人）	定员人数（人）	缺员（人）
B 所	21	18.33	3
C 所	15	17.24	-2
D 所	11	12.42	-2
E 所	9	11.37	-2
F 所	7	6.8	0
合计	86	99	-13

Y 县区局运维人员情况　　表 8-3

年份	运维人员数量	高级工及以上技能水平人数
2019 年	99	64
2020 年	97	82
2021 年	94	82
2022 年	89	76
2023 年	86	71

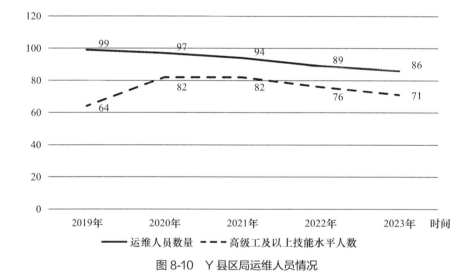

图 8-10　Y 县区局运维人员情况

（三）Y 县区区域定位

Y 县区是创建全国乡村振兴示范县的地区，被 Y 县区赋予打造绿色发展示范区，成为新增长极的功能定位（图 8-11、图 8-12）。Y 县区奋力建设"两区两谷"（文明富裕的全国全省乡村振兴示范区、全面协调的国家城乡融合发展试验区、生态宜居的粤港澳大湾区创新"绿谷"、开放共享的粤港澳大湾区生态"智谷"）。

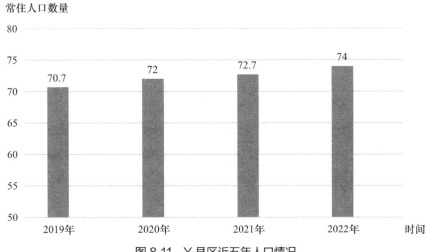

图 8-11　Y 县区近五年人口情况

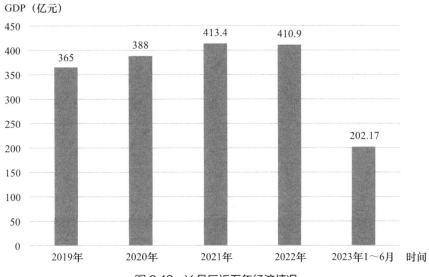

图 8-12　Y 县区近五年经济情况

二、投入产出专项分析

（一）生产成本投入情况

生产成本投入方面，预计 2023 年全年投入生产成本 2.11 亿元，较 2019 年增加 1.56 亿元，增长 284%，增加部分主要体现在生产修理及生产耗材，2022年、2023 年较 2019 年分别增长 110%、309%（图 8-13、表 8-4）。

2022 年增加成本是为完成可靠性攻坚"强基础、补短板"目标，按照"1h"可靠性目标全面统筹布局，多维度全员开展攻坚工作。

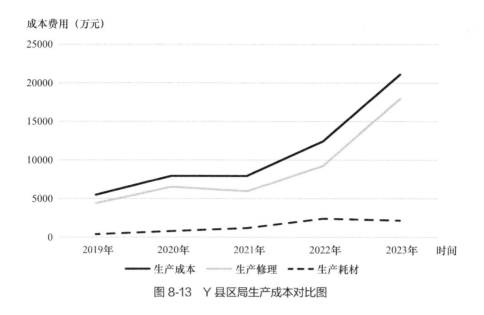

图 8-13　Y 县区局生产成本对比图

Y 县区局生产成本使用情况（单位：万元）　表 8-4

项目类型	2019 年	2020 年	2021 年	2022 年	2023 年
生产修理	4385	6515	5953	9242	17952
委托运行	566	554	789	758	939
试验检验	29	79	31	34	42
生产耗材	385	788	1195	2404	2169
合计	5485	7936	7968	12438	21102
涨幅	—	45%	4%	56%	70%

2023 年增加成本是为山区县级标杆供电局建设，截至第三季度末，Y 县区局各项指标可控，中压永久跳闸 50 次，同比下降 53%，中压停电时间 0.229h/ 户，同比下降 69%，低压客户平均停电时间 0.260h/ 户，同比下降 63%。

（二）关键指标完成情况

关键指标方面，近五年 Y 县区局中压线路故障率、中压永久跳闸次数、中低压停电时间呈下降趋势，降幅明显。中压线路故障率从 9.18 次 / 百 km 降至 2.73 次 / 百 km（预测），降幅 70%；中压跳闸次数从 237 次降至 99 次（预测），年均降幅 20%，整体降幅 58%，预计 2023 年首次进入 100 次；中压停电时间从 3.16h 下降至 0.5h，减少 2.67h，降幅 84%，2022 年首次进入 "1h"，预计 2023 年首次进入 "0.5h"；低压停电时间从 2.64h 降至 0.55h，下降 2.09h，降幅 80%，2022 年首次进入 "1h"；自预布点以来，复电成效提升至 62.15%，提升 14%

（表 8-5、图 8-14）。

Y 县区局关键指标完成情况　　　　　表 8-5

指标	2019 年	2020 年	2021 年	2022 年	2023 年
中压线路故障率（次/百 km）	9.18	5.64	4.21	3.19	2.73
中压跳闸次数（永久）	237	179	140	117	99
中压跳闸次数（全口径）	738	965	706	493	446
中压用户停电时间（h）	3.159	2.1	1.68	0.76	0.5
低压用户停电时间（h）	2.642	1.463	0.99	0.83	0.55
自愈复电成效	—	—	48.35%	48.42%	62.5

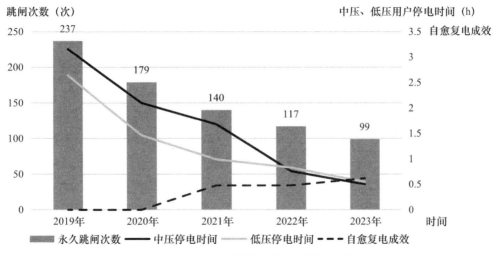

图 8-14　Y 县区局关键指标完成情况对比

（三）总体投入产出关联分析

运用"线性相关系数"对指标间关联性进行分析，计算结果见表 8-6、图 8-15。从相关性分析结果来看，Y 县区局近五年的中压跳闸次数、中压停电时间、中压线路故障率、低压停电时间与生产成本投入表现较强的负相关性关系，即随着生产成本投入的加大，中压跳闸次数、中压线路故障率、中低压停电时间均表现出明显的下降趋势。

指标相关性分析　　　　　表 8-6

相关系数	中压跳闸次数	中压停电时间（h）	中压线路故障率	低压停电时间（h）
生产成本	−0.81	−0.86	−0.86	−0.75

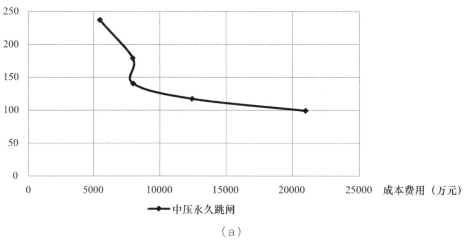

(a)

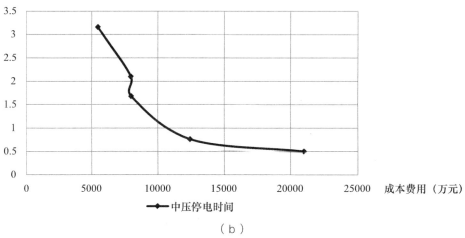

(b)

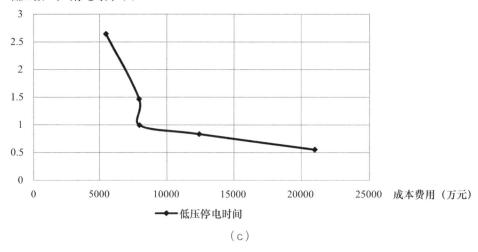

(c)

图 8-15 指标相关性分析（一）

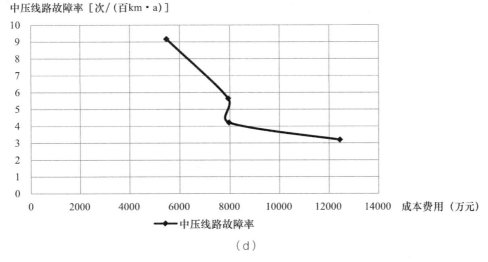

（d）

注：相关系数表示两者之间的关联关系，系数为负表示负相关，系数为正表示正相关。系数绝对值越接近1，表示相关性越强。0.40~0.69为中度相关，0.70~0.89为高度相关，0.90~1.00为极高相关。

图8-15 指标相关性分析（二）

（四）专项分析

从2019~2023年生产成本投入分析可得，生产成本主要投入在生产修理及生产耗材方面，近五年生产成本占比均在87%以上（图8-16）。生产修理投入占比较大的为中压线路维修、低压线路维修、不停电作业及线路走廊清理，以上4个项目在2019~2023年每年的合计占比为68%、67%、77%、82%、73%（图8-17）。结合Y县区电网特点及网省公司、Y县区局重点投入方向，中压线路维修项目主要投入方向为防雷改造、残旧设备更换、中压安全隐患治理和配网自动化提升，低压线路维修项目主要投入方向为残旧线路改造、低压停电治理、电能质量治理、低压安全隐患治理，线路走廊清理主要投入方向为树障隐患治理，不停电作业主要投入方向为10kV带电作业和低压发电车转供电，以下将从雷击跳闸、绝缘损坏跳闸、树障跳闸、配网自动化、低压类投入产出、不停电作业、安全隐患治理共7个方面开展专项分析。生产耗材采购物资分为常规类和专项类，其中常规类包括低压线材、中压元器件、水泥杆、自动化模块等常规储备物资，专项类主要结合当年专项任务攻坚采购10kV绝缘导线、多腔室避雷器、营配2.0装置以及绝缘套管等物资。

1. 雷击跳闸分析

近五年Y县区防雷投入产出分析见表8-7。

近五年Y县区年平均落雷数17435个，平均地闪密度为8.722次/（km²·a），雷击引起跳闸占比18.77%，是引起线路故障的第二大主因。根据我国对雷区等级的划分标准,地闪密度大于 7.98 次/（$km^2 \cdot a$）即为强雷区,Y 县区属于强雷区域。

图 8-16　修理材料费投入情况

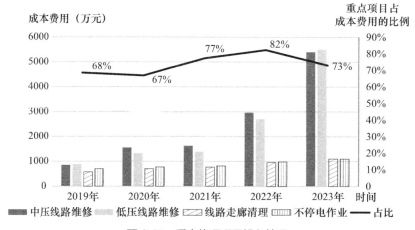

图 8-17　重点修理项目投入情况

防雷投入产出分析　　　　　　　　　　　　　表 8-7

雷击跳闸	2019 年	2020 年	2021 年	2022 年	2023 年最新
全口径（次）	105	211	140	60	59
永久（次）	42	42	15	6	3
重合成功率（%）	60	80	89	90	95
设备损坏情况（项）	77	61	27	14	8
投入（万元）	255	303	437	703	805

防雷投入方面,Y 县区局主要围绕更换超运行年限的残旧避雷器、加装多腔室避雷器、加装避雷线、开展台架地网改造四个方面开展,系统布局提升线路

设备防雷水平（表8-8）。近五年平均投入500万元，逐年提高，预计2023年投入1200万元，平均投入64万元可减少1次永久跳闸，投入36万元可减少1处设备损坏。防雷治理成效方面，中压永久跳闸次数、设备损坏逐年下降，其中中压永久跳闸次数减少，从42次降至6次，降幅达86%，设备损坏数量从77项降至14项，降幅达82%，11回一级雷击跳闸馈线全部清零，线路跳闸重合成功率大幅提升，从60%提升至95%，线路设备得到有效保护，防雷治理成效显著（图8-18）。

近三年防雷措施落实情况　　　　　　　　　　　　　　　表8-8

单位	多腔室避雷器（支）	更换残旧避雷器（组）	加装避雷线（km）	台架地网改造（处）
A所	828	547	9.99	544
B所	1788	562	27.52	616
C所	786	294	5.7	344
D所	1033	348	6.35	281
E所	342	195	7.51	283
F所	430	194	21.01	252
Y区局	5207	2140	78.08	2320

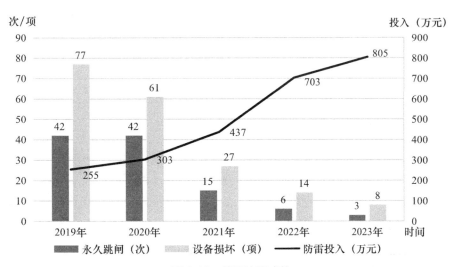

图8-18　防雷治理成效

2. 绝缘损坏跳闸分析

近五年，绝缘损坏引起中压线路永久跳闸占比22%，是引起线路故障的第一大主因（表8-9）。主要损坏的设备为中压元器件（刀闸、跌落式熔断器、避雷器），Y县区电网户外设备占比70%，易受运行环境影响，导致Y县区中压元器件可靠性偏低、故障率高。截至 2023 年 8 月 15 日，Y 县区局在运中压元器件合计 23102 项，运行年限超 13 年的中压元器件 2006 项，占比 8.6%，运行年限超 5 年的 7800 项，占比 34%。

绝缘损坏投入产出情况　　　　　　　　　　　　　　　　表 8-9

绝缘损坏跳闸	2019 年	2020 年	2021 年	2022 年	2023 年最新
全口径（次）	68	94	45	53	28
永久（次）	41	48	24	32	10
永久跳闸占比（%）	17	27	17	27	25%
投入（万元）	115	381	555	850	515

治理成效方面，按照"逢停必试，逢停必检"的原则推进中压线路设备检修工作，结合 Y 县区电网特点，缩短非资产中压元器件检修更换周期，加大了设备预防性试验投入，经过 2022 年下半年及 2023 年上半年的大范围检修，2023 年上半年的永久跳闸大幅下降，因绝缘损坏引起的跳闸较 2022 年同期下降 69%，治理初见成效（表 8-10）。

中压设备检修情况　　　　　　　　　　　　　　　　表 8-10

项目类型	2019 年	2020 年	2021 年	2022 年	2023 年最新	合计
隔离开关（个）	57	252	453	931	442	2135
避雷器（支）	214	1011	1471	2750	1470	6916
跌落式熔断器（个）	32	223	307	476	146	1184
预防性试验（次）	250	233	350	358	302	1493

3. 树障跳闸分析

近五年，树障引起中压线路永久跳闸占比 18%，是引起线路故障的第三大主因（表 8-11）。Y 县区位于某市最北部，森林覆盖率达 60%，树障隐患合计 2609 处，全局最多，点多面广，线树矛盾突出，且树木清障治理存在周期性，因此，在线路走廊清理项目投入方面近五年逐年提升，平均每年投入 602 万元。

树障投入产出情况　　　　　　　　　　　　　　　　表 8-11

树障跳闸	2019 年	2020 年	2021 年	2022 年	2023 年最新
全口径（次）	44	61	44	52	16
永久（次）	32	32	30	29	8
降幅	—	0	7%	3%	67%（同期）
投入（万元）	92	485	605	903	927

治理成效方面，2019~2021年，在树障隐患治理方面效果不明显，存在滞后性，全口径树障跳闸起伏较大，2022年治理效果较为明显，体现在2023年上半年树障引起跳闸方面，树障引起跳闸同期下降67%，树障隐患治理完成率94%，完成2442处树障清理（表8-12）。

树障清理完成情况 表8-12

单位	树障隐患点（项）	上周累计消除（项）	本期增量消除（项）	合计消除（项）	树障隐患治理完成率	全口径树障跳闸（次）	重合失败（次）
A所	798	752	6	758	94.99%	0	0
B所	762	709	15	724	95.01%	2	2
C所	232	203	0	203	87.50%	6	1
D所	208	184	11	195	93.75%	7	1
E所	318	288	12	300	94.34%	7	3
F所	291	253	9	262	90.03%	1	1
Y区局	2609	2389	53	2442	93.60%	18	8

4. 配网自动化分析

配网自动化方面随着自动化设备量的增加以及网架完善的相关工作要求，投入逐年提升，近五年年均投入253万元，消除缺陷及解决问题数量大幅提升，从2019年的54项到2023年的283项，增幅424%（表8-13）。

配网自动化投入完成情况 表8-13

问题类型	2019年	2020年	2021年	2022年	2023年上半年
柱上开关消缺（处）	30	26	61	44	93
中压柜消缺（处）	5	3	53	92	112
利旧柱上开关（台）	19	26	61	42	78
投入（万元）	91	100	305	296	475

配网自动化治理成效，主要体现在以下几个方面：一是三遥覆盖率达到100%，终端在线率99.50%，为配网自愈建设打下坚实基础。二是通过修理利旧非自动化开关215台，优化自动化布点，超15户的大分支减少118段，彻底隔离中高风险专用用户23户，消除自动化开关缺陷74处。三是自愈方面，自愈复电成效62.15%，通过自愈恢复1256户中压用户供电，可靠性提升0.405h。四是通信方面，2022年1~8月，Y县区局因运维和通信原因导致的自愈失败24单，故障隔离准确率62.22%，在全市排名末位；2023年1~8月，Y县区局因运维和

通信原因导致的自愈失败 1 单，故障隔离准确率 97.78%，在全市排名第一，相比 2022 年，配电自动化运维薄弱状况得到了彻底扭转，故障隔离准确率大幅提升 35.56%（表 8-14）。

配网自动化相关指标　　　　　表 8-14

年份	三遥覆盖率	终端在线率	终端动作正确率	配电自动化有效覆盖率	非自动化开（台）关数量	非自动化开关占比
2019 年	98.40%	97.31%	96.79%	—	327	27.39%
2020 年	97.65%	98.71%	98.43%	85.47%	216	18.64%
2021 年	100%	99.31%	97.57%	64.39%	208	15.89%
2022 年	100%	99.48%	99.32%	94.09%	155	10.87%
2023 年	100%	99.50%	97.25%	96.88%	112	6.91%

5. 低压类投入产出分析

近五年，Y 县区局在低压检修方面投入较大，2021 年起呈上升趋势，2023 年预计投入 3500 万元，主要用于问题台区的治理、电能质量治理、负荷类问题、低压停电类问题的投入分别占比 40%、22%、33%，以上三类问题占比合计 95%（表 8-15）。

低压投入完成情况　　　　　表 8-15

问题类型	2019 年	2020 年	2021 年	2022 年	2023 年
营配 2.0 累计建设数（台）	42	204	903	1058	1768
低压开关跳闸（处）	521	488	598	430	173
低压开关损毁（处）	100	89	110	85	55
低压线路故障（处）	1358	1120	1449	1303	438
安全隐患治理（处）	—	—	225	684	508
投入（万元）	1200	1100	1000	1500	3500

低压治理成效方面，主要体现在 2023 年春节假期度冬以及 2023 年第一轮度夏两个阶段：（1）在深刻吸取 2022 年春节 12398 投诉教训的基础上，通过度冬台区的治理，2023 年春节期间，供电类诉求同比下降 76.21%，投诉意见类工单同比下降 69.23%，未发生 12398 投诉。重过载配变数量同比下降 92.7%，低压跳闸次数同比下降 79.3%，重复跳闸台区同比下降 80%，未发生台区总开关跳闸事件。（2）5 月 27 日 Y 县区局发布高温Ⅳ级响应，5 月 31 日发布高温Ⅲ级响应。本轮高温中 Y 县区用电负荷连续 2 日创新高，最高负荷达到 63.46 万 kW，同比增长 25.70%（2022 年同期最高负荷 50.49 万 kW）；相比 2022 年最高负荷

59.99 万 kW（2022 年 7 月 29 日）增长 5.78%。Y 县区局坚持"多专业联动"的总体思路，通过事前、事中、事后全过程管控。本轮高温期间，与去年高温响应期间相比，一是问题台区数同比下降 26%，与去年第一轮高温对比下降 25%，问题台区数唯一双降的区局；二是供电可靠类诉求下降 24.7%，未发生城中村供电类投诉，未发生网公司标准重过载问题；三是日均低压开关跳闸次数同比下降 39.8%。

6. 不停电作业分析

近五年，Y 县区局在不停电作业投入方面逐年增加，预计 2023 年投入 3500 万元。2023 年成本投入将大幅提升，一是低压发电车转乙供，单价提升 2~3 倍；二是生产类和保供电类发电车需求大幅增长，2023 年 1~5 月较 2022 年增长 89%；三是停电计划大幅提升。2022 年 1 月 1 日~8 月 16 日，已执行的工作计划 439 单，2023 年同期为 727 单，增加了 288 单，同比上升 61.04%。

治理成效方面，主要是通过低压发电车转供以及带电作业缩小了停电范围，保证了电力正常供应。2020 年~2023 年 8 月，年均可减少 32267 个时户数（表 8-16）。

不停电作业完成情况　　表 8-16

作业类型	2019 年	2020 年	2021 年	2022 年	2023 年 8 月
不停电作业次数	350	916	961	1468	1057
低压发电车	39	716	913	918	786
投入（万元）	552	1875	2080	2844	2220
占生产成本比例	10.06%	23.63%	26.10%	22.87%	23.02%
减少时户数	—	26962	33315	37489	31302

7. 安全隐患治理分析

Y 县区局在安全隐患投入方面逐年加大，年均投入 653 万元，2021 年主要投入方向为低压涉电公共安全隐患，通过修理项目消除安全隐患 188 处；2022 年主要投入方向为垂钓隐患点、施工外破、防风加固，其中垂钓隐患点和施工外破隐患点落实临时措施 123 项，永久措施 66 项，防风加固方面改造 22 回馈线，消除山体滑坡可能引发的断杆倒杆、断线隐患点 87 处；2023 年结合绝缘化改造工作要求，主要在架空裸导线绝缘化、台区绝缘化以及施工外破隐患方面，截至目前，已完成 117 个低压台区绝缘化改造以及 175km 线路绝缘化改造，99 个施工外破隐患点落实限高架、警示牌、围蔽等临时措施及加装视频监控 55 套（表 8-17）。

近三年安全隐患治理完成情况   表8-17

隐患类型	2021年	2022年	2023年
涉电公共安全隐患（处）	188	252	173
配网设备类隐患（处）	118	254	176
施工外破隐患（处）	99	112	156
防风加固（回）	8	22	6
投入（万元）	284	562	1112

近三年，Y县区电网安全生产局面稳定，未发生电网设备安全事件，未发生因自然灾害引起的断杆事件，通过落实风险预控措施，有效地降低了安全事件发生的概率，实现了风险关口前移。

（五）小结

过去五年，Y县区局在清晰地认识自身电网短板和明确电网建设重点投入方向的前提下，随着生产成本的投入加大，Y县区局在电网建设方面取得了一定的突破，其中2022年可靠性首次进入"1h"，2023年上半年可靠性指标可控在控，力争进入"0.5h"，除了可靠性指标外，其他关键指标也逐步提升，其中引起故障跳闸的三大主因降幅明显，有力地保障了Y县区电网的安全可靠运行。但目前Y县区电网建设仍然存在较多问题与困难，乡村振兴等一系列规划定位、标杆山区供电局对Y县区电网提出了更高的要求，形势依然严峻，生产项目管理仍然存在较多漏洞，下一步Y县区局将继续分析自身不足，进一步明确电网建设投资方向，推动生产项目精细化管理，确保成本精准投入、问题高效解决。

三、存在问题

（一）电网建设

（1）保障安全生产稳定能力还需加强。架空线路占比超过60%，高空作业多、高空坠落风险高；工作节奏加快，施工作业计划同比增加超过80%，"三超"风险高。

（2）本质可靠电网基础不牢固。超长线路、长时间停电线路、频繁停电线路等十大问题馈线占全局41%；容量小于100kV·A及以下的有844台，占比25%，涉及民宿的配变有63个，美丽乡村规划的配变有390个，容易发生负载越限及三相不平衡问题，电压质量问题突出。

（3）主动管理水平还需提升。问题的提前分析及快速处置能力还需提升，可靠类诉求占总诉求量超过 40%。

（二）项目管理

（1）树障清理、巡视通道维护等项目实施统筹性、计划性不足，存在重复施工、虚增工作量的可能性。

（2）老旧设备运行风险突出，统一规划仍需加强。易受外部山区环境影响，设备运行隐患突出，设备检修周期相对缩短。

（3）专项大修技改项目前期策划不够精准。部分项目投资安排与专项工作任务的匹配度有待提升，自上而下统筹性不足。

（4）计划进度管控不足，存在扎堆实施的风险。

（5）报废资产长期积压退库不及时。部分抢修故障资产因净值率高等原因，长期积压在临时仓库，带来项目合规审计、物资存放安全的风险。

附　录

附录 1　生产项目承（分）包商履约评价考核评分表
附录 2　"五个严禁"要求
附录 3　"四虚"问题检查提纲
附录 4　在建工程余额清理工作方案

附录1　生产项目承（分）包商履约评价考核评分表

承包商名称 _____　　评价项目 _____
分包商名称 _____　　评价项目 _____

序号	评价考核项目		评分标准	分数	得分
1	评分项	施工安全	1. 安全体系健全，有针对本工程的完善的安全、环境保护管理措施，组织机构健全，职责分明、制度落实。 2. 严格执行安全协议书，落实安全生产职责和应当采取的安全措施。 3. 施工方案编制符合施工要求，并按施工方案的要求和进度进行施工作业。 4. 工作负责人对工作班组成员现场安全技术交底记录完整。 5. 施工现场安全措施齐全	20分	
		施工质量	1. 施工方案列明施工过程质量管理关键点，并有相应的控制措施，施工过程有记录。 2. 目标先进、措施得力，竣工验收与运行质量达到合同约定。 3. 实现达标投产	20分	
		施工进度	1. 满足项目法人工期要求及投标承诺，施工进度安排合理，关键路径工序执行合理。 2. 实现按期投产	20分	
		合同管理	1. 有专职合同人员、管理措施得力，合同履约过程中未出现违约情况。 2. 正式合同与招标文件合同一致	20分	
		档案管理	1. 项目档案资料按期移交（项目竣工后三个月内）。 2. 项目档案资料按甲方档案管理要求制作，无缺漏、错误	20分	
2	一般扣分项		1. 如无法按要求履行开工作票、及时到位作业等义务，或发现作业人员资质与作业要求不符等情况，每次可扣5~10分。 2. 如发生因承包商原因导致的施工质量问题，每次可扣1~5分。 3. 如生产项目结算资料送审无法按《FB11：生产项目结算通知单》的要求完成，可扣5~40分。 4. 如完工的工程量未能按合同约定如期完成签证、支付，可扣10~40分。 5. 如发现审定施工费用占申报施工费用90%以下、虚增工程量、虚假结算等问题，每次可扣5~20分。 6. 如发生对社会及公司造成不良影响的安全、舆论事件，每次可扣10~20分。 7. 如发生因安全文明施工被上级单位约谈、通报或投诉等，每次可扣10~20分。 8. 如发生逾期未办理退料，每次可扣1~5分。	扣完100分为止	

续表

序号	评价考核项目	评分标准	分数	得分
2	一般扣分项	9. 如履约阶段出现关键施工人员配置与投标文件、合同文件不相符或其他人员配置不到位的情况，每次可扣 5~20 分。 10. 如发生涉及乙方的审计巡察问题，按照巡视审计级别每个问题可扣 5~10 分。 以上事项应使用《FB5：施工承包商资信评价扣分、违约扣罚通知书（记录单）》的记录单自行备案留存	扣完100分为止	
3	严重扣分项及红线事项	1. 承（分）包商出现非法分包、严重违约、未按要求办理分包报审、严重虚增工程量和虚假结算等影响建设管理单位的声誉事项，可扣 20~100 分。 2. 承（分）包商出现以下任一行为的，直接认定生产项目承（分）包商履约评价考核评分为 0 分： （1）承担主要责任的二级及以上电力生产安全事件； （2）按网省公司和局承（分）包商违章处罚扣分相关管理规定，1 个自然年内累计扣分达到 20 分； （3）按投标人行为规范处罚扣分相关管理规定，1 个计分周期内累计计分达到 12 分的； （4）被各级行政主管部门或机构、网公司和局纳入安全生产黑名单； （5）证照不全、超出许可范围、超过许可期限，或存在安全生产重大事故隐患，仍组织生产、经营或建设； （6）转让、出租出借、借用挂靠、涂改、伪造许可资质（资格）证书或者以其他方式允许其他企业或者个人以本企业名义承揽工程（或服务）； （7）发生生产安全事故事件后，存在瞒报、谎报或故意破坏事故事件现场、毁灭有关证据； （8）存在严重抗拒、妨害或拒不履行安全生产监管监察等行为； （9）发生有责任的对社会或公司造成重大不良影响的事件； （10）在工程项目（或服务）实施过程中，存在对安全、质量和进度等方面造成严重不良影响或隐患的行为，且不按要求认真积极整改； （11）发生提供虚假社保证明、劳动合同、作业资质等证明文件的行为； （12）承（分）包商在履约过程中出现监督投诉（包括日常监督检查、执纪审查中发现问题）、巡视审计问题等严重不良行为，并经查实的。 3. 以上事项应使用《FB5：施工承包商资信评价扣分、违约扣罚通知书（记录单）》的通知单告知承包商，并作为承（分）包商年度履约评价结果附件报送至局生技部	—	
4	备注	本评分表评价得分最低为 0 分		
		合计	100 分	

项目实施单位：_____（盖章）　　　　　　　　　　　　_____年____月____日

附录 2 "五个严禁"要求

项目实施部门对项目安全负全面管理责任,严格落实生产项目"五个严禁"要求:

(1)严禁非法转包、违规分包;

(2)严禁以包代管;

(3)严禁"皮包公司"、挂靠和借用资质施工队伍承包工程和入网施工;

(4)严禁未落实安全风险控制措施开工作业;

(5)严禁未经安全教育培训并合格的人员上岗作业。

附录 3 "四虚"问题检查提纲

序号	检查内容	涉及项目环节	主要检查要求	检查资料	检查方式
1	虚列项目	立项管理实施管理	1. 检查项目实施内容是否符合立项套用的网公司准入标准，是否存在超准入内容。 2. 检查项目实施内容是否与立项相符，是否存在未经批准擅自提高或降低建设标准、改变建设内容、扩大建设规模、超概预算建设的情况。 3. 检查抢修项目是否重复立项，抢修项目是否与其他基建、大修、日常维修包等项目存在交叉。 4. 检查抢修项目的受损设备设施清单和运行记录是否与现场照片和工程量签证相对应	1. 可研报告 2. 投资估算书 3. 工程量签证 4. 抢修项目申请表（抢修项目） 5. 抢修前后现场照片（抢修项目） 6. 系统缺陷记录截图（抢修项目）	查阅资料
2	虚高价格	合同管理造价管理	1. 检查项目结算计价标准、定额套用是否准确，是否存在错套定额、重复套用、高估冒算等行为。 2. 无定额标准项目，横、纵向对比，同类项目结算水平是否有重大差异。 3. 检查乙供材料价格合理性，对比施工期当地信息价，是否有虚高价格现象。 4. 检查是否存在定额计价材料重复计取费用的情况。 5. 检查项目是否按招标文件及合同约定办理结算	1. 招标文件（含招标限价文件） 2. 施工合同 3. 合同补充协议（如有） 4. 结算审核报告（PDF版和电子版）	查阅资料
3	虚假验收	实施竣工管理及验收管理物资管理签证管理	1. 检查项目变更是否严格遵循"先审批，后执行"原则进行管理，是否存在未经审批随意变更、调增实施内容。 2. 检查是否存在未完工先验收情况。 3. 检查隐蔽工程是否有中间验收记录。 4. 检查是否存在虚假领退料。 5. 检查工程量签证是否与现场实施内容一致。 6. 检查是否严格按公司发布签证模板开展工程量签证。 7. 检查是否严格落实"无作业计划不结算、无视频不结算"要求	1. 招标文件（含招标限价文件） 2. 施工合同 3. 合同补充协议（如有） 4. 开工报告 5. 竣工报告 6. 工程量签证 7. 系统工作票 8. 隐蔽工程中间验收记录（如有） 9. 系统物资领料记录（如有） 10. 项目变更记录（如有） 11. 系统项目施工作业计划 12. 智慧监督系统作业视频记录 13. 抢修项目申请表（抢修项目） 14. 抢修前后现场照片（抢修项目） 15. 系统缺陷记录截图（抢修项目） 16. 支付申请表 17. 结算审核报告	查阅资料现场检查
4	虚假结算	验收管理结算管理	1. 检查项目是否存在未完工先结算情况。 2. 检查项目是否存在结算虚假工程量（计价依据中无对应工程量，但结算计取该项费用，如：无调试/试验报告，但结算计取相关费用）。 3. 检查项目是否存在结算多计工程量（工程量签证与现场不符，多计工程量；审核错误多计工程量，如，工程量签证砌墙 $50m^2$，结算审核按 $50m^3$ 计算）		查阅资料现场检查

附录4 在建工程余额清理工作方案

一、在建工程余额现状

(一) 总体情况

某年年初,某局全口径在建工程余额为127.61亿元,包含管制业务固定资产投资项目余额84.45亿元、迁改项目余额42.61亿元、竞争性业务项目余额0.55亿元,如表所示。

在建工程余额情况(单位:亿元)

项目类型	投资计划	年初在建工程余额
主网基建	51.00	64.54
配网基建	34.00	6.20
小型基建	1.04	2.49
生产技改	10.53	8.03
营销技改	2.17	0.24
其他技改	1.14	0.4
其他基建	4.20	1.71
科技	0.98	0.56
信息化	4.94	0.28
管制业务固定资产投资项目合计	110.00	84.45
主网迁改	25.00	26.23
配网迁改	10.00	16.38
迁改项目合计	35.00	42.61
竞争性业务	0	0.55
总计	145.00	127.61

(二) 在建工程余额问题及原因分析

1. 迁改项目多、投资大且受财评影响大

电网电力设施迁改规模日益增加,根据电力迁改"十四五"规划,"十四五"期间将对中心城区的部分架空电力线路开展地下改造,并在铁路、城际轨道、地铁、路桥、产业园区等重点基础设施建设领域协同开展电力迁改,涉及规模约

350 亿元。迁改项目一般实施周期为三个月至一年（除隧道项目外），但结算审核环节常耗费两年以上。迁改项目投资规模大、外部结算审核流程冗杂，是在建工程余额大的一个重要原因。

2. 投产后未及时转固增资项目余额高

已投产未完成增资项目的总余额为 62.21 亿元，在建工程余额占比 44.8%。其中，2 年前已投产项目的余额达 34.43 亿元，主要来源于电网基建项目。电网基建项目管理过程中，存在实施变更较多、签证不规范、物资结算困难、成本管控不足、造价数据积累不及时、结算期间产生大量前期费用等问题，导致无法及时增资，是在建工程余额大的又一重要原因。

3. 长期挂账项目占比大，存在大量停工、停滞项目

经梳理，财务账面长期停工或停滞的项目共计 1500 项，涉及在建工程余额 4.69 亿元。历史项目清理不及时，是在建工程余额高的第三个重要原因。

二、工作思路

系统梳理在建工程情况，采用分类、分步骤的工作思路，以问题为导向，以项目为抓手，建立"一台账、三清单"（在建工程清理任务台账、长期挂账项目处置清单、计划投产项目清单、结算增资项目清单）销号管控机制，确保问题整改形成闭环，存量长期挂账及投产未增资项目及时清理，在建工程余额逐渐降低；制定相关措施，从源头遏制增量长期挂账及结算增资不及时问题；建立并固化长效机制，提升项目全过程管理水平。

三、工作方案

（一）清存量

1. 按期完成管制业务固定资产投资长期挂账项目清理

建立《长期挂账项目处置清单》（附件 4-1、附件 4-2），涵盖各专业规划口径与财务口径的全部长期挂账项目，按月跟踪，确保规划口径长期挂账项目清零、财务口径长期挂账项目清理过半。

2. 做好项目投产及暂估转固过程管控

及时核实、更新年度计划投产项目的实际投产时间，完善《计划投产项目清单》（附件 4-3），按月跟踪项目投产情况，确保按计划完成项目投产及暂估转固。

3. 系统梳理资金支付情况，全面排查超期转固项目结算增资情况

组织各专业全面梳理已投产未实增项目情况，完善《结算增资项目清单》（附件 4-4），按月跟踪项目结算增资情况，做好管控。各专业结合投产项目的结算增资完成情况，全面梳理、排查超期转固项目具体情况，提出处置措施，形成本专业在建工程余额分析报告（报告模板见附件 4-5）。建立资金支付与结算增资挂钩策略，确保资金重点流向年内投产及结算增资的项目，严禁项目超资金计划支付，确保上一年底前投产项目在下一年底前完成正式转固。

（二）遏增量

1. 加强项目准入的风险评估，加强决策环节风险防控

对风险较高的项目，可采取预计划的形式先行开展工程前期工作，重点推进存在较大风险的相关事项，对于后续进一步落实后确实不具备实施条件的，在正式计划下达时予以剔除。预计划项目不作为"长期挂账"考核依据。

2. 对已纳入投资计划的项目持续做好跟踪管理

纳入投资计划 2 年仍未开工的项目，原则上应当重新履行决策程序。

3. 项目开工后，如因外部环境变化导致项目建设受阻，按以下原则处理

（1）连续停工 1 年，且近期无法取得突破性进展的项目，仍存在建设必要的，应中止项目实施，明确责任单位和责任人，限期督办解决受阻问题，待外部约束条件解决后重新启动。

（2）已无必要或无须继续推进的项目或连续停工 2 年以上且近期无法取得突破性进展的项目，应按权责履行相应决策程序后终止项目，对已签订合同、已购置物资或服务、已形成资产等情况，组织相关责任部门研究提出处置方案，报决策机构审批。对造成资产损失的，严格按照公司相关规定办理处置手续，根据公司会计核算管理细则等规定进行账务处理。

（3）项目发生重大变更的，应按照规定重新履行审批手续。

（三）建机制

1. 建立销号管控机制

建立在建工程余额清理任务台账，明确在建工程余额清理的主要任务及相应里程碑事项、责任部门及完成时限，实施销号管控，各专业管理部门严格按任务台账按时完成专项任务，并报资委会办公室申请销号。

2. 打通投资全过程数据链路，提升各方数据质量，助力精准投资

围绕"规划—前期—投资—实施—转固—统计"全过程数据链路，全面开展数据治理，解决基础数据准确性不高、项目针对性不足、指标管理不透明、投资全过程管控不到位等问题，通过高质量基础数据和系统功能提升工作效率，

实现投资全过程监控。

3. 优化迁改项目管理模式，发挥迁建结合作用，提高迁改项目建设的计划性、转资的及时性

针对迁改项目收支不平衡、结算慢、推进难的问题，对外积极争取各类政策支持，明确统一的迁改计价原则，减少结算审核分歧；对内精心策划与设计、施工、物资、监理、造价等参建单位的内部结算工作，形成规范、完整的内部结算资料；以内部结算为基础，有序推进与委托单位的结算数据确认和补偿款项回收工作，确保及时形成有效资产。

4. 明确在建工程余额统计口径

迁改项目采用资金补偿模式，在建工程余额占迁改项目余额九成以上。实施迁改项目时，应收到相关方80%以上资金后再组织开工，与管制业务固定资产投资项目的垫资模式存在本质区别。建议将迁改项目余额单列，不计入在建工程余额总数。

5. 严格执行违规经营投资责任追究管理办法

对投资管理领域未履行或者未正确履行职责造成国有资产损失或者其他严重不良后果的单位和人员，严肃追究其相应责任。组织各单位针对投资决策和执行典型案例问责追责，在系统范围内通报，达到处理一起、警示一批的效果。

附件4-1 长期挂账项目处置清单（规划口径）

××项目规划口径长期挂账项目处置计划

序号	项目名称	项目编码	项目类别	项目类型	挂账原因		完善"一项一策"推进/处理措施	责任单位	处置完成时限	是否已投产
					原因归类	具体原因				
示例	××××××	080042GS62190002	主网生产技改	综合改造	系统停电原因	1.项目出库后已组织设计单位在2020年出具初步设计、申报物资，安排施工图设计等工作。2.生产技改项目承包单位比较集中，承接的施工单位同期开展的工程较多，2020开始受疫情影响，可调配人力资源受限制，无法开展新项目。3.2022年组织开展后，因停电间隔较多，而项目涉及用户线路，停电安排为逐步推进，实施进度未能在长期挂账前完成，停电安排需到年底	积极与系统运行部协调停电窗口，并加强停电实施节奏管控	变电三所	2023年12月30日	否

附件4-2 长期挂账项目处置清单（财务口径）

××项目财务口径长期挂账项目处置计划

序号	项目管理单位	项目名称	项目编码	项目类别	项目类型	项目进度	目前状态	挂账原因分类	责任部门/单位	处置措施	计划处置完成时间
示例	×××	×××	080032GS62181038	主网生产技改	变电一次设备改造	已完工，待结算	结算	结算超时	变电一所	加快结算增资	2023年12月30日
示例	×××	×××	080045GS62200019	主网生产技改	线路改造	该项目已清理完成，项目取消，费用转修理	取消	取消项目费用待处理	财务共享中心	加快费用处置	2023年8月30日

附件 4-3　计划投产项目清单

计划投产项目清单

序号	项目名称	项目编码	项目类别	建设单位	项目总投资	2023年计划投资	计划投产时间	实际投产时间	2023年计划转固金额（万元，不含税）	已暂估金额（万元，不含税），仅完成暂估转固的填此列	实际转固金额（万元，不含税）	转固目标金额完成率
示例	××××	030112GS62220041	配网生产技改	××	5.02	5.02	2023年12月	2023年××月××日	4.44		4.48	1.008446215

附件 4-4　结算增资项目清单

结算增资项目清单

	项目基本信息						项目状态判定	各节点预计完成时间		各节点实际完成时间	
序号	项目编码	项目名称	建设单位	项目类别	电压等级（主网基建、小型基建项目填写）	项目实际投产时间	在建工程余额（单位：元）	项目状态（判断结算工作完成情况）	预计完成结算时间	预计正式转增固定资产时间	实际完成结算时间	实际正式转增固定资产时间
示例	080099WS24200001	×××××	××	主网基建	500kV电网项目	2023年2月20日	421982267.71	已投产结算	2023年5月21日	2023年9月18日	2023年4月12日	

附件 4-5　在建工程余额分析报告模板

在建工程余额专题分析报告

填写说明：各专业管理部门对本部门项目余额情况全盘梳理并进行专题分析。各专业管理部门负责的项目类别具体如下，办公室：其他技改办公类，人资部：其他技改培训类，资产部：主网生产技改、其他技改仓库类，数字化部：信息化（资本性），创新部：科技类（资本性），市场部：营销技改，配网部：配网基建、配网生产技改、配网迁改，基建部：主网基建、小型基建、主网迁改。如果相关项目不存在不正常余额，在梳理现状后（第一部分），可直接提出 2023 年度余额控制目标（第三部分）。

一、在建工程余额现状

2023 年初余额情况、2023 年 6 月 30 日余额情况；截至 6 月 30 日在建项目余额情况、已投产未增资项目余额情况等。

二、不正常余额产生原因及相应处置措施

如存在以下几类项目（规划口径长期挂账项目、财务口径长期挂账项目、超期转固项目），则在本部分进行专题分析。

（一）长期挂账项目情况及清理计划

1. 规划口径长期挂账项目

截至 2023 年 6 月 30 日，主网生产技改项目规划口径长期挂账项目共计××个（年初为××个），原因主要包括××××（××个）、××××（××个）等，如下表所示。

××项目（项目类别）规划口径长期挂账项目原因及处置计划（2023.06.30）

挂账原因	处置方式	项目数量
……	……	
合计		

××××项目发生规划口径长期挂账问题有几类情况：一是××××，对应处置方式是××××。二是××××，对应处置方式是××××。三是××××，对应处置方式是××××……

2. 财务口径长期挂账项目

截至2023年6月30日，××××项目财务口径长期挂账项目共计××个，原因主要包括××××（××个）、××××（××个）、××××（××个）等，如下表所示。

××××项目财务口径长期挂账项目原因及处置计划（2023.06.30）

挂账原因	处置方式	项目数量
……	……	
合计		

（二）超期转固项目情况及清理计划

截至2023年6月30日，2022年底前已投产未及时增资的主网基建项目有××个，未及时转资原因及对应处置方式如下表所示。

××项目超期转固原因及处置计划（2023.06.30）

已投产未及时转资原因	处置方式	项目数量
……	……	
合计		

已投产未及时转资的主要原因一是××××，对应处置方式是××××；二是××××，对应处置方式是××××……

三、本年度在建工程余额控制目标及工作计划

（一）目标值

2023年，××项目年度控制目标值为××亿元（负责多个类别项目的部门，对各类项目分别填写；基建部、配网部须分别填写主网迁改、配网迁改项目在建工程余额控制目标值）。

（二）工作计划

1. ×××

2. ×××